KiWi
1932

Über das Buch

In den Straßen Berlins gibt Moritz Rinke sich für die Mittelfeld-Ikone Andrea Pirlo aus und verhindert mit einer riskanten Notlüge, dass sein Sohn Bayernfan wird. Auf einer Gala versucht er das Bein von Klaus Fischer zu berühren, mit dem er das Tor des Jahrhunderts erzielte. Er lässt Jogi Löw ekstatische Weltmeisterbriefe schreiben und Thomas Müller ein Zwiegespräch mit der One-Love-Binde führen. In Katar besichtigt er ungläubig die neu errichteten Stadien und erzählt am Beispiel seiner Nichte und deren Freundin, die ein Verhältnis mit Neymar hatte, vom Niedergang des Fußballs.

Moritz Rinke, einer der bekanntesten Dramatiker Deutschlands, Romancier und Stürmer in der DFB-Autoren-Nationalmannschaft, hat seiner Leidenschaft ein Buch gewidmet und uns ein großes Geschenk gemacht.

Der Autor

Moritz Rinke, geboren 1967 in Worpswede, ist einer der führenden Dramatiker seiner Generation. Seine Theaterstücke, u. a. »Republik Vineta«, »Wir lieben und wissen nichts« oder »Westend«, werden national und international gespielt und erreichen ein Millionenpublikum. Sein Debütroman »Der Mann, der durch das Jahrhundert fiel« (2010) wurde zum Bestseller. Zuletzt erschien bei Kiepenheuer & Witsch der Kolumnenband »Unser kompliziertes Leben« (2023). Moritz Rinke lebt in Spanien und in Berlin.

Moritz Rinke

Ich könnte hier stundenlang sitzen und auf den Rasen schauen

Lauter Liebeserklärungen an den Fußball

Kiepenheuer & Witsch

4. Auflage 2024

© 2024, Verlag Kiepenheuer & Witsch, Köln
Alle Rechte vorbehalten.
Die Nutzung unserer Werke für Text- und Data-Mining
im Sinne von § 44b UrhG behalten wir uns explizit vor.
Covergestaltung Barbara Thoben, Köln
Covermotiv © Dmytro Aksonov/istockphoto
Abbildungen Innenteil Seite 137 © privat, Seite 143 © privat
Gesetzt aus der Minion
Emojis unverändert von googlefonts/noto-emoji (https://github.com/
googlefonts/noto-emoji/), © 2019 Google Inc. Licensed under the Apache
License, Version 2.0 (http://www.apache.org/licenses/LICENSE-2.0)
Satz Buch-Werkstatt GmbH, Bad Aibling
Druck und Bindung CPI books GmbH, Leck
ISBN 978-3-462-00574-5

Inhaltsverzeichnis

Wenn man den Rasen riecht und darauf auflaufen darf, das kann man schlecht beschreiben. Das ist schon das Schönste, was es gibt im Leben. Ich gehe auch gerne auf die Bühne, ich singe auch gerne, aber Fußball, das ist schon was anderes.

Herbert Grönemeyer

Statt eines Vorworts

Walle, Walle ... Nun erfülle meinen Willen!
Über neue und alte Leidenschaften

Wenn ich als Kind erkältet war, im Bett lag und nicht zur Schule gehen konnte, erlaubten mir meine Eltern, sofern ich fieberfrei war, die erste Halbzeit abendlicher Fußballspiele im Fernsehen anzuschauen. So kam ich zum Halbfinale der EM 1976. Jugoslawien gegen Deutschland. Zur Halbzeit stand es 2:0 für Jugoslawien und ich lag mit Tränen in den Augen und dem *Kicker* im Bett. Als der gerade eingewechselte Dieter Müller den Ausgleich zum 2:2 erzielte, weckte mich mein Vater und ich durfte in der Verlängerung noch zwei weitere Müller-Tore zum 4:2 Endstand sehen.

Natürlich bemühte ich mich, in den folgenden Tagen bis zum Finale gegen die Tschechoslowakei weiterhin krank zu sein, hustete künstlich, lag apathisch in meinem Zimmer herum und fühlte mich pünktlich zum Spiel plötzlich besser, sodass mir das Anschauen des Finales bestimmt nicht schaden würde. Ja, ich habe dann wirklich den vergebenen Elfmeter von Uli Hoeneß sehen dürfen, der Ball flog hoch in den Belgrader Abendhimmel. Deutschland hatte verloren, ich musste am nächsten Tag müde in die Schule und übte den Rest der Woche auf unserer norddeutschen Moorwiese zwischen den Kühen Elfmeterschießen.

Oft denke ich an meine Fußballkindertage, wenn mein Sohn an den Wochenenden frühmorgens durch das Wohnzimmer schleicht, um sich heimlich mein Handy zu nehmen und *FIFA Mobile Fußballsimulation* von *EA Sports* zu spielen. An Schultagen muss ich ihn aus dem Bett ziehen, am Wochenende wacht er umso früher auf, natürlich wegen *FIFA Mobile*. Ich muss mich dann entscheiden: Entweder schlafe ich endlich einmal aus und mein Sohn hockt die ganze Zeit neben der Steckdose mit dem Ladegerät und zockt die Soccer-Simulation mit dem für 150 Millionen Dollar gekauften Namen von der FIFA-Verbrecherorganisation. Oder ich sperre mein Handy, dann aber zieht er so lange im Bett an mir herum, bis ich als FIFA-Simulations-Ersatz im Pyjama den Softball durchs Wohnzimmer schieße. Seine Paraden auf Holzdielen, mein schlechtes Gewissen wegen Engelbert, dem Nachbarn unter uns.

Ich lebe ohnehin permanent mit diesem schlechten Gewissen wegen Engelbert, weil mein Sohn täglich als Mini-Manuel-Neuer oder Mini-Kevin-Trapp durch die Wohnung hechtet oder so tut, als wäre er Jamal Musiala und würde von Mats Hummels oder Anton Rüdiger gefoult und gegrätscht werden, es ist ein fürchterliches Gerumpel. Jede Woche bringe ich Engelbert eine Flasche Rotwein runter, wir reden nie über das Gerumpel und seine verpolterten frühen Morgenstunden plus Nachmittage nach der Schule und die ganzen Abende, es ist, als würde ich ihn mit ausgesuchten Spitzenweinen stillschweigend besänftigen.

Wenn ich also Engelbert und mich am Wochenende länger schlafen lassen will, dann spielt und tippt und zockt mein Sohn auf meinem Telefon herum. Ich stelle mir dann vor, wie er auf diese digitalen und simulierten Spielerfiguren starrt, mit ihren abgehackten, unnatürlichen Bewegungen. Ich denke dabei an die Müller-Tore aus meiner Kindheit, Tore aus der fließenden Bewegung, natürliche Tore! Von Dieter Müller oder von Gerd Müller, später sogar von Thomas Müller – alles echte Tore auf einem echten grünen Rasen!

Früher begannen die Spiele an den Wochenenden um 15:30 Uhr vor dem Radio oder um 18 Uhr in der *Sportschau*, aber nicht um 06:30 in meinem Mobiltelefon! Wenn ich an den Wochenenden irgendwann aufwache, dann reiße ich meinem Sohn sofort das Handy aus der Hand, anders geht es nicht. Ihm zu erklären, dass nun das Spiel abgepfiffen werde, er sich schon seit Stunden in der Nachspielzeit befinde oder wenigstens jetzt Halbzeit sei, Pausentee, Frühstück, Entspannung, Regeneration! – das nützt alles nichts, beim FIFA-Zocken gibt es keinen Abpfiff, beim FIFA-Zocken sind wir in einer endlosen Nachspielzeit, einem ewigen Gameplay.

Er frühstückt dann in fünf Minuten, stürzt sich danach auf seine zwei vollgestopften Fußballkisten, in denen sich – ich schwöre – 56 Trikots befinden, und dann ist endgültig die Zeit des Softballs gekommen. Während ich schon mal die Rotweine für Engelbert sortiere, verwandelt mein Sohn die Wohnung in ein Stadion. Er baut seine TÜV-geprüften Aluminium-Miniprofi-Tore auf, verwandelt Sofaecken in Tribünen mit Fahnen, klickt den *Teufelskicker*-Podcast bei *Spotify* auf dem Handy seiner Mutter an, befiehlt seiner kleinen Schwester, viel zu große Erling-Haaland- oder Kylian-Mbappé-Trikots zu tragen und ihm stundenlang Bälle draufzuschießen. Dazu trägt er die bei einem *Coca-Cola*-Event ersteigerten Originaltorwarthandschuhe von Manuel Neuer und lässt im Hintergrund, oft ohne zu fragen, nervtötende YouTube-Videos wie die von »Fabiano« laufen, der auf seinem FIFA-Kanal mit überdrehter Stimme, begleitet von Sirenentönen, Gongs und dem *Teufelskicker*-Podcast, alles, was man über Fußball absolut nicht wissen muss, durchquatscht!

Und dann, genau dann, sitze ich da und frage mich, verdammt noch mal, von wem hat er das alles?! Und ich denke an Goethes Ballade vom *Zauberlehrling*, der den Besen zum Leben erweckt und an den Fluss schickt, um Wasser zu holen, doch dann kann er den Besen nicht mehr stoppen und der Besen schafft unablässig Wassermengen heran, die zu Sturzbächen werden. So war es ja auch bei mir und meinem Sohn. Als er gerade fünf Jahre alt war, brachte ich ihn zweimal zum Training bei Hertha Zehlendorf, er wusste noch nicht einmal, wohin der Ball muss und was überhaupt der Sinn des Ganzen ist, aber ich stand daneben: *Walle, Walle ... Nun erfülle meinen Willen! / Auf zwei Beinen stehe / Oben sei ein Kopf / Eile nun und gehe / Mit dem Wassertopf ... / Dass zum Zwecke / Wasser fließe ...*

Und nun?

Die ich rief, die Geister / Werd' ich nun nicht los ...

Über den Fußball würde ich jetzt wirklich gerne sagen und es stimmt natürlich nicht: *Früher war alles besser ...* Natürlich nicht technisch, taktisch, athletisch usw., aber ich denke mit Sehnsucht an die fußballreduzierten Zeiten, an die Stille zwischen den Spielen, in der die Vorfreude immer größer wurde: auf die *Sportschau* am Samstag, auf *Die Sportreportage* am Sonntag, auf die Erlaubnis der Eltern, ein abendliches Länderspiel schauen zu dürfen, auf die *Hanuta-Duplo*-Sammelbilder zu den Weltmeisterschaften – viel mehr gab es nicht: keine FIFA-Soccer-Simulation, kein Fußball-Gossip durch nervtötende You-Tuber, keine Trikots mit Preisen von 75 Euro (ohne Hosen und Stutzen!), die mein Sohn natürlich auch immer haben muss. (54 Trikots je 75 Euro plus Hosen und Stutzen, das sind 54 mal 145 Euro, dazu die Original-Manuel-Neuer-Handschuhe, die ständigen FIFA- und UEFA- und Bundesliga- und EM- und WM-Stickerheftkollektionen, das ganze Datenvolumen, das ich für die 99 Folgen der *Teufelskicker* und diese verdammte FIFA-Simulation dazukaufen muss, die Spitzenweine für Engelbert … Oh Gott!)

Er ist gerade mal neun Jahre alt und spielt schon beim dritten Verein, weil er die bisherigen Vereine für nicht professionell genug befand, dabei ist ein Vereinswechsel eine Mammutaufgabe: Aufnahmeanträge, Anträge auf Erteilung einer Spielberechtigung, Kündigung der Spielberechtigung beim alten Verein, Online-Abmeldung des alten Vereins, Protest gegen die vierwöchige Sperrung meines Sohnes wegen Versäumnis der Online-Abmeldung durch den alten Verein, Nachweis des Einschreibens der Kündigung beim alten Verein, Einreichung einer Ermächtigung der Online-Abmeldung durch den neuen Verein – ja, man ahnt schon, warum man in deutschen Fußballverbänden nicht mehr so richtig zum Fußballspielen kommt …

Aber wäre ich glücklicher, wenn mein Sohn das alles gar nicht mehr wollen würde? Würde ich ihm all diese wasserholenden Besen wieder wegnehmen oder wegzaubern und statt der täglichen Fußball-Überschwemmung durch meinen Sohn wieder im Trockenen sitzen wollen?

Nein!

Ich habe ein Buch über meine Leidenschaft geschrieben, auch wenn es diese Leidenschaft ist, die mich bei meinem Sohn fast in den Wahnsinn treibt. Neulich fragte er mich, ob ich wisse, was Luka Modrić für ein Auto fahre (»einen Bentley Continental GT!«), und ob ich wisse, wie viel der amerikanische Leibwächter von Lionel Messi verdiene (»sieben Dollar in einer einzigen Minute!«). Ich war kurz vor einem Wutanfall, dann atmete ich durch und sagte ihm, er solle sich lieber mit Messis oder Modrićs Schusstechnik beschäftigen anstatt damit, wie viel der blöde Leibwächter verdient oder welches Auto Luka Modrić fährt, den ich bisher immer für den bescheidenen Sohn eines kroatischen Ziegenhirten gehalten hatte.

Und ich habe ein Buch über meine Leidenschaft geschrieben, weil sie auch immer für den Wunsch gestanden hat, das Erwachsenwerden und damit das Altern durch ein ewiges Spielen aufzuhalten. Vielleicht ist der Fußball für mich so etwas wie die unendliche Verlängerung der Kindheit. Und bestimmt wollte ich auch einen fußballbegeisterten Sohn, damit wir uns dann in dieser gemeinsamen Leidenschaft für das Spiel wie zwei Kinder begegnen können. Wenn ich zum Beispiel mit ihm zu einer Partie von Werder Bremen gehe und wir gemeinsam im Weser-Stadion sitzen. Wenn der Verein in die Bundesliga aufsteigt, wir auf den Rasen stürmen und mein Sohn ein Stück des sauteuren Hybridrasens aussticht, mit einem entwendeten Buttermesser aus der Loge der Werder-Torwartlegende Dieter Burdenski. Oder wenn wir bei einem befreundeten Goldschmied in seiner Bremer Manufaktur stehen, in der all die großen wunderschönen und so begehrten Pokale des Fußballs für die wichtigsten Final-Spiele aufbereitet, poliert, granuliert und graviert werden. Und wir beide den DFB-Pokal, den schönsten aller Pokale, berühren und in die Höhe stemmen. Dann leuchten seine und meine Kinderaugen.

Nun findet bald die Europameisterschaft in Deutschland statt, die EM im eigenen Lande. Ich werde meinen Sohn bitten, auf die endlose FIFA-Zockerei zu verzichten. Ich werde ihn auch bitten, die nervtötenden YouTube-Videos mit dem endlosen Gequatsche auszuschalten. Dafür werde ich alles daran setzen, mit ihm im Stadion eines der großen Spiele sehen zu können, 90 Minuten pures Glück plus Nachspielzeit auf echtem grünem Rasen – selbst wenn dieses Glück so teuer wird wie seine gesamte Ausstattung plus Spitzenweine für Engelbert. Und dann werde ich ihm an jedem Spieltag der EM eine Geschichte aus diesem Buch vorlesen, denn eigentlich habe ich es ja für uns geschrieben.

Vorbilder, Legenden, Götter

1 Wie ich ein Jahrhunderttor mit Uwe Seeler im Fahrstuhl erzielte

Bei seiner letzten WM 1970 in Mexiko spielte Uwe Seeler als hängende Spitze hinter Gerd Müller. Jenes berühmte Tor, das er im Viertelfinale gegen England erzielte, kenne ich nur von Erzählungen und den alten Aufnahmen bei YouTube. Langer Ball von Schnellinger in den englischen Strafraum und dann Seeler: Aus der rechten Strafraumecke mit dem Hinterkopf zum 2:2! So ein Hinterkopftor hatte es bis dahin noch nie gegeben.

Das erste berühmte Tor, das ich im Fernsehen live miterlebt habe, war das 2:1 von Gerd Müller beim WM-Finale 1974 gegen die Niederlande. 43. Minute, Pass von Bonhof auf Müller, Müller nimmt im Strafraum an, dann Hüftdrehung, Bumms, Tor, Weltmeister, da war ich sechs. Ich erinnere mich auch noch gut an das Jahrhundertfallrückziehertor von Klaus Fischer 1977 gegen die Schweiz, das ich auf unserem weichen norddeutschen Moorboden in Worpswede sofort nachzuahmen versuchte. Und ich erinnere mich natürlich an das Elfmetertor von Andy Brehme im römischen WM-Finale 1990. Seeler-Tore hätte ich gern live gesehen, es waren tolle dabei – im Sitzen, im Stolpern, hoch aus der Luft, wie ein Artist. 1960 schoss er den HSV quasi alleine zur Meisterschaft.

Ich verehrte Uwe Seeler auch noch für etwas anderes: seine Bodenständigkeit und Weisheit. Als er das deutsche Team 1966 als Kapitän ins WM-Endspiel führte, fiel das Wembley-Tor, das bekanntlich keines war. Als er gefragt wurde, warum er denn nicht protestiert habe, sagte er: »Die Königin war im

Stadion, und da wollte man nicht groß meckern.« Als ihm im Sommer 1961 Inter Mailand im Atlantikhotel für einen Vereinswechsel eine Million D-Mark Handgeld in einem Koffer überreichen wollte, sagte Seeler »Nee.« und blieb in Hamburg beim HSV. Er liebte den Fußball mehr als das Geld.

Und was wurde nicht schon alles über den Fußball theoretisiert, auch von mir: Der Fußball habe eine mythische Erzähl- und Erinnerungskraft; der Fußball könne etwas, was das Theater und die Oper nur selten herzustellen vermochten, nämlich die Verschmelzung von Publikum, Bühne und Aktion. Das habe ich alles einmal gesagt, aber wie entwaffnend ist dagegen ein Seeler-Satz wie dieser: »Das Geheimnis des Fußballs ist ja der Ball.« Vielleicht muss man gar nicht mehr sagen.

Ich war einmal in Kairo im Ägyptischen Museum und stand vor der Mumie von Ramses II., dem bedeutendsten Herrscher des alten Ägypten. Unglaublich, dachte ich, was von Ramses II. alles erhalten war: die Haare, die Zähne, die Hakennase, sogar der Penis soll mumifiziert worden sein. Man hatte ihn mit Palmwein abgerieben, in Natron gebadet, mit Kräutern, Myrrhepulver, Bienenwachs und Blüten ausgestopft und in Leinenbinden gehüllt.

Am nächsten Tag war ich Gast des Deutschen Fußballbundes in Frankfurt, Länderspiel gegen Wales. Nach dem Spiel stand ich im Fahrstuhl des Hotels. Die Tür ging auf und Uwe Seeler stieg zu. Er stand direkt vor mir, ganz nah und wiegte leicht den Kopf. Ich starrte ihn voller Ehrfurcht an. Im Fahrstuhlspiegel spiegelte sich Seeler von hinten, und ich schaute vorsichtig an ihm vorbei, um auch Seelers Hinterkopf zu betrachten. Damit hatte er also dieses heilige Jahrhunderttor in Mexiko gegen England erzielt! Flanke Schnellinger, dann Seeler, Hinterkopf, 2:2, Rache für Wembley.

In meinen Gedanken fiel dieses Tor jetzt im Fahrstuhl noch einmal. Und ich war Schnellinger, der den Pass auf Seeler spielte. Ich schaute immer noch im Spiegel auf seinen Hinterkopf und dachte an Ramses II., ja, ich schaute so ehrfürchtig auf Seelers Kopf, mal von vorne, mal von hinten, wie ich auf die Mumie des ägyptischen Herrschers geschaut hatte. Am besten mit Palmwein abreiben, dachte ich, in Natron baden, mit Kräutern, Myrrhepulver, Bienenwachs und Blüten ausstopfen und in Leinenbinden hüllen. Seeler muss sich bestimmt über diesen Typen im Fahrstuhl gewundert haben, der so ausgiebig von allen Seiten seinen Kopf anstarrte.

Ich hätte schon längst aussteigen müssen, fuhr aber mit Uwe Seeler weiter. Bis ganz nach oben.

2 Ach, Malente!

Über Franz Beckenbauer

Es war 1978, gleich nach der schandvollen Niederlage gegen Österreich bei der WM in Argentinien, als mein Großvater seinen Schwarz-Weiß-Fernseher von *Nordmende* hochwuchtete und aus dem Fenster warf, er landete auf dem Max-und-Moritz-Weg in Bremen.

Danach setzte er sich in seinen Sessel und sagte: »Mit Beckenbauer, der Lichtgestalt, wäre das nicht passiert!«

»Beckenbauer …«, sagte ich leise und traurig, immerhin war gerade auch meine Lieblingsserie *Familie Feuerstein* aus dem Fenster geflogen.

Der Großvater saß lange in seinem Sessel und erzählte von der WM im eigenen Lande, bei der Beckenbauer die Deutschen zum Sieg geführt hatte. Er berichtete von der »Nacht von Malente« in der schleswig-holsteinischen Sportschule nach der ebenfalls schandvollen Niederlage gegen die DDR. Helmut Schön, der Bundestrainer, habe sich schon Zugverbindungen raussuchen lassen, um abzureisen. Paul Breitner, den mein Großvater einen »Maoisten« nannte, habe angeblich schon die Koffer gepackt, aber dann habe Beckenbauer eine Rede gehalten, in einem Waschraum, und danach sei man Weltmeister geworden, gegen die Holländer.

Eigentlich hatte mein Großvater die Schnauze voll von Lichtgestalten, aber bei Beckenbauer machte er eine Ausnahme. Gegen Italien bei der WM 1970 in Mexiko habe Beckenbauer sogar mit verbundener Schulter gespielt. Vorher, 1966, habe England im Wembley-Stadion nur gegen Deutschland das WM-Finale gewinnen können, weil Bobby Charlton ihm die ganze Zeit absichtlich auf die Füße getreten sei.

Ich selbst habe Beckenbauer erst 1990 bewusst wahrgenommen. Als er als Teamchef der deutschen Mannschaft nach dem WM-Sieg gegen Argentinien in dieser lauen römischen Sommernacht ganz allein durch den Mittelkreis schritt, in weißer Hose, die Hände in den Taschen, mit der Goldmedaille um den Hals. Der Großvater hatte recht: eine Lichtgestalt.

Ja, der Kaiser.

Als ich in der B-Jugend spielte, begann ich, mir alte Beckenbauer-Spiele auf VHS-Kassetten anzuschauen, Großvater hatte sich bald einen neuen Fernseher gekauft und alle deutschen Länderspiele aufgezeichnet. Wie dieser Beckenbauer mit dem Ball am Fuß trabte, fast schwebte! Wie er verteidigte, seitlich anlaufend, den ballführenden Gegner antizipierend, analysierend. Wenn Beckenbauer verteidigte, »arbeitete« er nicht gegen den Ball, wie man heute sagt, sondern auch beim Verteidigen schien er zu schweben. Und diese Pässe! Ich lernte durch Beckenbauer, was die Worte »Außenrist« und »Effet« bedeuteten.

Meine erste Begegnung mit Beckenbauer, 2008, noch vor der Sommermärchen-Affäre, war im Berliner Olympiastadion, ich hatte es irgendwie auf die Ehrentribüne geschafft. Wir wurden einander vom damaligen Bundeskanzler vorgestellt, weil der wegen meines längeren Haars dachte, ich sei Thomas Brdarić von Hannover 96, dem Heimatclub des Kanzlers.

»Mein Großvater hat Sie sehr verehrt, obwohl er Bremer war und Sie Bayer. Er sprach oft von der Nacht von Malente«, sagte ich.

»Ach, Malente«, sagte Beckenbauer.

»Ich spiele aber gar nicht bei Hannover, ich bin Schriftsteller«, fügte ich noch hinzu.

Beckenbauer antwortete nicht.

»So was wie in Malente habe ich mal auf dem Parteitag in Mannheim erlebt, wenn man plötzlich zusammenrückt!«, erklärte der Kanzler.

Danach ließ ich Beckenbauer nicht aus den Augen, ich beobachtete, wie die Menschen ihm begegneten. Wie sie sich vor ihm förmlich verbeugten. Wie die, die ihn persönlich zu kennen schienen, seine Nähe suchten, manchmal tastend, manchmal aufdringlich.

Franz, Franz, der Franz!

Franz Beckenbauer hatte gerade die WM nach Deutschland geholt. Im ZDF hatte es zu seinem 60. Geburtstag eine Gala gegeben. Alle erdenklichen Verdienstorden, Ehrennadeln, Ehrenmitgliedschaften, Staatsmedaillen und Lorbeerblätter hatte er schon erhalten. Wenn man den Fernseher anschaltete, sah man Beckenbauer für: Adidas, Aral, Mitsubishi, Mercedes-Benz, Deutsche Post, Erdinger, E-Plus, O2. Dabei gibt es in der Werbebranche eigentlich eine goldene Regel: drei Marken pro Promi, aber für Beckenbauer schien die nicht zu gelten. Wenn Fußballspiele im Fernsehen gezeigt wurden, analysierte danach fast immer Beckenbauer: Meist lag er richtig, es wurde ihm selten widersprochen. Bei der WM 2006 in Deutschland, dem Sommermärchen, war er weder der kaiserliche Spieler noch der kaiserliche Teamchef, aber trotzdem wieder Kaiser. Man sah Beckenbauer im Hubschrauber von Stadion zu Stadion fliegen und dann auf der Tribüne thronen.

Wahrscheinlich musste das Sommermärchen so enden, wie es endete, um uns und ihm zu verdeutlichen, dass es die Welt, in der Beckenbauer all die Jahre gelebt hatte, eigentlich nicht mehr gab. Die FIFA hatte ihm die WM nicht geschenkt, weil er der Kaiser war, er hatte sich die Stimmen des Organisationskomitees gekauft und sogar selbst viel Geld bekommen, obwohl er immer gesagt hatte, er täte das alles ehrenamtlich.

Vielleicht hätte er sagen sollen: »Leute, das irre Geld im Fußball ist ein Monster, es frisst uns alle. Habt ihr wirklich geglaubt, in diesem total verlogenen Fußballgeschäft hätte man uns die WM gegeben, weil ich der Kaiser bin? Aber wisst ihr was? Ihr habt sie durch mich billiger gekriegt! Habt ihr eine Ahnung, was sie Russland oder Katar gekostet hat?! Ja, ich bin so schuldig wie ihr, die ihr diesen Fußball wollt!«

Aber er sagte so gut wie nichts. Er war plötzlich nicht mehr Beckenbauer, sondern Helmut Kohl, der nicht verstehen konnte, dass man jemanden, der Europa geformt und den Deutschen die Einheit gebracht hatte, mit dem Strafgesetzbuch kam.

Dabei hätte man schon damals in Malente nur genau hinschauen müssen: Es ging nicht um die Ehre der Nation, wie mein Großvater glaubte, es ging um Geld. 30 000 D-Mark wollte der DFB als Prämie für den WM-Titel zahlen, aber die Spieler hatten gelesen, dass die Italiener das Vierfache bekommen sollten. Am Ende zahlte der DFB 60 000. Vermittelt hatte das Beckenbauer. Vermutlich war das die Nacht, in der er Kaiser wurde.

3 Vom Versuch, Klaus Fischers legendäres Bein zu berühren

Die Eröffnung des Deutschen Fußballmuseums

Am Tag der Bekanntgabe des größten DFB-Skandals aller Zeiten über die mutmaßlich gekaufte WM 2006 wird zufällig das neue Deutsche Fußballmuseum in Dortmund eröffnet.

Gegenüber vom Dortmunder Hauptbahnhof liegt das neue Deutsche Fußballmuseum wie ein riesiges Schiff. Es steht so absurd groß da, als hätte es Klaus Kinski wie in *Fitzcarraldo* aus dem Meer durch den Ruhrpott gezogen und hier abgestellt.

Am Abend der Eröffnungsgala führt ein langer roter Teppich ins Museumsschiff, auf dem fast nur ältere Männer in schwarzen Anzügen stehen. Manche sprechen mit ernsten Mienen, manche mit aufgeregten Skandalgesichtern in Mikrofone. Ich höre immer wieder die gleiche Zahl: »6,7 Millionen!«, »6,7 Millionen!«, dann Sätze wie »DFB-Präsident bringt Mohamed Bin Hammam ins Spiel!«, »Der Kaiser schweigt« oder »Dreyfus leider tot«. Einer wiederholt mehrmals und zwischendurch nach Luft schnappend: »Epizentrum FIFA, Blatter!«

Eine Reporterin hält mir ein Mikro hin und fragt: »Glauben Sie, der Empfänger war Mohamed Bin Hammam?« Da ich keine Ahnung habe, ob der mittlerweile lebenslang gesperrte FIFA-Funktionär Mohamed Bin Hammam oder jemand anderes der Empfänger der 6,7 Millionen Euro von adidas-Chef

Dreyfus war oder ob Franz Beckenbauer, der Kaiser, für sein WM-Organisationskomitee eine schwarze Kasse beim DFB hatte, um vier asiatische FIFA-Funktionäre zu bestechen, wie der *Spiegel* behauptete, laufe ich einfach kommentarlos weiter. Ich notiere in meinen Notizblock: *Arme Seele Fußball.* Bei »Seele« denke ich auch plötzlich an Seeler. Wenn doch nur einer wie Uwe Seeler die FIFA wäre.

An mir vorbei läuft der aktuelle Präsident des DFB, er geht so blass über den roten Teppich, als müsste er auf die *Titanic* und nicht ins vielleicht schönste neu eröffnete Museum der Welt. Nur Bundestrainer Jogi Löw und sein Team aus Oliver Bierhoff und Andy Köpke sehen erfreut aus, sie wirken fokussiert. Ich sehe auch Otto Rehhagel, er lächelt permanent, so als wäre sein Lächeln aus Wachs.

Die Gala sollte von Johannes B. Kerner moderiert werden, doch der hat wegen des DFB-Skandals abgesagt. Ausgerechnet Kerner, denke ich, der doch so gern nach Amokläufen, Massakern und sonstigen schlimmen Ereignissen Interviews führt.

Während der Veranstaltung starren alle auf ihre Handys. Ich fange plötzlich auch an, Mohamed Bin Hammam zu googeln, er gelte als enger Vertrauter des Emirs von Katar. Bin Hammam soll beim FIFA-Exekutivkomitee die WM-Vergabe nach Katar eingefädelt haben. Ihm wird vorgeworfen, den Ethikcode der FIFA verletzt zu haben. (Wie das schon klingt: *Ethikcode der FIFA* – das erinnert mich an Karl Valentin, der Studenten der Wirtschaftsethik geraten haben soll, sich für eines zu entscheiden: Wirtschaft oder Ethik.)

Mein Gott, vor lauter Bin-Hammam-Skandal-Gegoogele habe ich gar nicht gemerkt, neben wem ich sitze! Es ist Klaus Fischer, mein Jugendidol, mein Held der wirklich tollsten Tore! Wie oft habe ich seinen legendären Fallrückzieher auf dem

Moorboden meiner Heimat geübt! Dieses Koordinationsvermögen, mit dem linken Bein im richtigen Moment abzuspringen, um dann in der Luft das rechte in Position zu bringen und im Fallen den Rückzieher abzuschließen. Und was man da alles beachten muss: Was, wenn ich zu früh abspringe und wieder herunterfalle, bevor der Ball überhaupt angekommen ist? In welchem Winkel muss ich den Ball treffen? Wie schaffe ich es, ihn mit dem Fuß und nicht mit dem Schienbein zu treffen oder senkrecht in den Himmel zu schießen, sondern mit dem Spann aufs Tor, ja, und wo ist überhaupt das Tor, ich sehe es ja nicht mal, geschweige denn den Torwart?

Es ist, als würde ich wieder im norddeutschen Moor stehen und mir unentwegt selbst den Ball für den Fallrückzieher hochwerfen – bis es Abend wird und die Mutter über die Wiesen zum Abendbrot ruft.

Ich überlege, Fischer neben mir ganz zart am rechten Fallrückzieherschussbein zu berühren. Mittlerweile habe ich ganz vergessen, wo ich bin, die Gala, der blöde Skandal, dieser Bin Hammam, all das nehme ich gar nicht mehr wahr, ich sehe nur mich als Kind im Moor mit meiner Liebe zu Fischers göttlicher Beintechnik. Ja, eigentlich *muss* ich sie sofort berühren, die Beine Fischers, und zwar beide. Ich sitze links von ihm, an das linke Bein komme ich also gut ran, aber wie berühre ich das rechte, das Schussbein? Ich könnte einfach rüberlangen und die Hand auf sein Schussbein legen und ihm aus tiefstem Herzen sagen, warum. Aber wir sind mitten in einer Gala, denke ich, da kann ich ihm jetzt nicht ans Bein fassen, vom norddeutschen Moor erzählen und wie ich bis zum Abendbrot in den Wiesen seine Rückzieherbeintechnik trainierte. Ich überlege, meinen Stift und Notizblock aus Versehen in seinen Schoß fallen zu lassen, um dann blitzschnell wie ein Torwart nachzufassen, möglichst den Stift aufs rechte Schussbein, den Block aufs linke Sprungbein. Oder soll ich beides aufs Schussbein werfen und mich beim Nachfassen auf dem linken Sprungbein abstützen?

Als ich alles durchdacht, Stift und Block koordiniert und in Position gebracht und mir gesagt habe, dass solch eine kindliche Aktion und die Sehnsucht nach Berührung bestimmt die richtige Liebes- und Seelenantwort auf diesen ganzen verdunkelten Schwarze-Kassen-und-verkauften-Fußball ist – da, unmittelbar, bevor ich den Block fallen lasse, ist die Gala plötzlich beendet. Fischer springt schon im Schlussapplaus auf, der Block fällt ohne Beinberührung auf den Boden, Fischer knöpft sein Jackett zu und geht. Ich erspähe ihn noch kurz in der Menge, dann ist er verschwunden.

Am nächsten Morgen stehe ich alleine im Deutschen Fußballmuseum. Es regnet. Aber es ist der Regen vom 4. Juli 1954. Fritz-Walter-Wetter. An den Wänden sehe ich das Wankdorfstadion in Bern, die Zuschauer des WM-Endspiels, begeistert, klitschnass und alle schwarz-weiß, ich stehe mitten in der Ausstellungsinszenierung vom *Wunder von Bern*. Und in der Mitte des Raumes: der Ball, der Ball des Finales, mit dem die Deutschen zum ersten Mal Weltmeister wurden. Dunkelgelb-grünlich liegt er da, mit dicken Nähten und Furchen. Ich stehe davor, höre: »Aus! Aus! Aus! Das Spiel ist aus!«, Herbert Zimmermanns sich überschlagende Radiostimme, und schaue dabei auf den Ball, ich werde einen späteren Zug nach Berlin nehmen, sage ich mir und schaue lange, lange auf diesen Wunderball, das Grabtuch Christi habe ich mir nicht so lange angeschaut.

Um den Wunderball herum, die Mannschaft, lebensgroß aufgereiht: Morlock, Mai, Eckel, Posipal und natürlich Turek, Toni Turek, den Zimmermann einen »Fußballgott« nannte und sich dafür auf Drängen des Beraters von

Adenauer bei den Deutschen entschuldigen musste. Ich sehe noch Helmut Rahns Schuh vom 3:2 (»Aus dem Hintergrund müsste Rahn schießen – Rahn schießt – Tooooor! Tooooor! Tooooor! Tooooor!«, Zimmermann!). Was für ein historischer Schuh! Edles Leder, sanftes Braun, dicke Nähte, der Schuh sieht aus wie ein Rembrandt im Vergleich zu den heutigen Pop-Art-Fußballschuhen, ich würde ihn so gerne berühren und sanft über das Leder streichen, wenn er nicht in einer Vitrine läge.

Mit jemandem wie mir, der den Schuh von Rahn, den Wunderball aus Bern, die Beine von Klaus Fischer oder den Hinterkopf von Uwe Seeler wie Gottheiten bestaunt, hätte der Berater von Adenauer bestimmt viel zu tun gehabt.

Im nächsten Raum steht ein alter Fernseher mit Bildern vom Wunder von Bern. 17 Minuten lang, so einen ausführlichen Zusammenschnitt des WM-Finales von 1954 habe ich noch nie gesehen. Mein neuer Held: die Nummer 3, Werner Kohlmeyer, der für den schon geschlagenen Toni Turek auf der Linie rettet. Ich googele sofort Kohlmeyer: »Alles, was nach der Weltmeisterschaft kam«, sagte er, »war wie ein einziges verlorenes Wochenende.« Er lebte gemeinsam mit seiner Mutter in einer Sozialwohnung in Mainz-Mombach, arbeitete als Pförtner bei einem Zeitungsverlag und starb mit 49 Jahren an Herzversagen, im März 1974, kurz bevor Deutschland das zweite Mal Weltmeister wurde.

Ich laufe mit dem traurigen Kohlmeyer auf dem Display direkt gegen die Beckenbauer-Vitrine, die Kaiser-Vitrine, die mitten im größten der Räume steht und in der fast nur Ehrennadeln liegen.

In einer Bilderfolge ist das berühmteste Tor von Gerd Müller nachverfolgt, jenes 2:1 gegen die Niederlande im WM-Finale von 1974, das ich mit sieben Jahren live im Fernsehen gesehen hatte. Das Zuspiel von Rainer Bonhof, Müllers Ballannahme auf engstem Raum, der Schuss aus der Drehung.

·

Am Gala-Abend gestern gab es noch eine Führung durch das Museum und ein Mann neben mir zeigte plötzlich auf einen blonden Spieler im Oranje-Trikot.

»Das bin ich«, sagte er.

Ich starrte ihn an und fragte noch: »Der mit der 17?«

»Ja. Wenn ich nicht stehen geblieben wäre, hätte Gerd keine freie Schussbahn gehabt.«

Als ob man in der Neuen Pinakothek vor einem berühmten Schlachtengemälde stünde und plötzlich tippte einem eine Figur aus dem Gemälde auf die Schulter und erklärte, sie hätte die hier abgebildete historische Niederlage verhindern können.

Ich stellte mich in eine Ecke und googelte: »WM-Team Niederlande 1974«, die Nummer 17 hieß Wim Rijsbergen, Innenverteidiger. Hat mit Beckenbauer bei Cosmos New York gespielt. Vermutlich ist Wim Rijsbergen also wegen Beckenbauer hier, dachte ich, aber der ist nicht zur Skandalgala gekommen, der Kaiser schweigt ja.

Später zog mich eine Rotgelockte am Arm zu einem Kasten mit einer Scheibe, unter der ein Stück Rasen mit Kreide liegt.

»Brehmes Elfmeterpunkt, der gehört mir, den habe ich gekauft.« Sie zeigte auf ihr Namensschild und strahlte.

»Oh, den berühmten Brehme-Elfmeter habe ich live im Fernsehen gesehen, platziert unten links«, sagte ich, »da war ich Student in Gießen, wir standen alle auf der Ludwigstraße,

Public Viewing. Was kostet denn ein Elfmeterpunkt, wenn ich fragen darf?«

»Hunderttausend Mark damals!«, antwortete sie.

•

Hätte doch der Kohlmeyer das Geld bekommen, denke ich, als ich nun, ganz ohne Menschen, alleine durch das Museum laufe. Zwischen meinem traurigen, armen Kohlmeyer und diesem sauteuren Elfmeterpunkt liegt wahrscheinlich die bitterste Wahrheit dieses Fußballmuseums. Irgendwann kamen also die Geldmenschen mit ihren Kassen …

Ich komme an Monitoren vorbei, an denen man sich auf Touchscreens die Höhepunkte aller Europa- und Weltmeisterschaften anschauen kann. Ich beginne mit 1972, Europameisterschaft in Belgien, ich war vier und glaubte, meine Mutter und meine Tante seien in Günter Netzer verliebt wegen der langen Haare. Herrlich der Pass von Netzer auf Heynckes, der dann Wimmer bedient: 2:0 im Finale gegen die Sowjetunion.

Ich berühre den Bildschirm, der das Jahr 1978 zeigt, die erste WM, die ich im Fernsehen ganz sehen durfte, auch die Abendspiele: Hans Krankl, Córdoba; 2:3 gegen Österreich, mein Großvater warf ja seinen *Nordmende*-Fernseher aus dem Fenster.

Touch: WM 1982 in Spanien, der berühmte Fallrückzieher von Fischer gegen Frankreich zum 3:3, Halbfinale. (Diesmal fast ohne linkes Sprungbein!)

Touch: WM 1986 in Mexiko. Die Hand Gottes, Maradona. Tolle Flanken von Littbarski. Die Locken von Toni Schumacher.

Touch: WM 1970, Deutschland gegen England. Schnellinger auf den Hinterkopf von Uwe Seeler, unglaubliches, göttliches Tor, ich drehe noch sieben Mal die Zeit zurück, um es mir anzusehen.

Touch: WM 1990, Völler fällt, Brehme verwandelt, Maradona weint. Der goldene Pokal in den Händen von Matthäus, die schöne Freude von Klinsmann. Und Beckenbauer dreht auf dem Rasen seine Runde, schweigend. Touch, noch mal zurück in der Zeit … Sepp Maier, Jürgen Sparwasser, Paul Breitner, Gerd Müller – als Liebender kann man gar nicht aufhören herumzutouchen.

Ich muss an Marcello Mastroianni denken, der als Schürzenjäger in Fellinis *Stadt der Frauen* in einem geheimnisvollen Haus überall auf Bilder von Frauen stößt, die sich ihm zuwenden, sobald er die Oberfläche berührt. Hier, in diesem Museum, sind es Berührungen zurück ins eigene Leben, in die Kindheit, in die Erinnerung. Das ist das Schöne an diesem Museum, es öffnet uns die Kinderaugen. Und kein blöder Skandal von alten Männern kann das kaputtmachen.

Aus dem multimedialen Raum der WM 2014 höre ich plötzlich die zwitschernden Vögel vom Campo Bahia, Brasilien. Danach die Schürle-Flanke, die Brustannahme von Götze, das Götze-Tor, riesengroß. Angela Merkel, ihre rote Jacke, die Arme hochreißend wie ein kleines Mädchen. Ich laufe rückwärts weiter, weil ich meinen Blick nicht vom Jubel der Spieler abwenden kann, und laufe gegen eine Vitrine mit Götzes gelbem Schuh, dem linken, jenem, mit dem er das Finaltor erzielte, es klebt sogar noch der Rasen vom Maracanã-Stadion dran.

Eigentlich müsste ich jetzt mal in den ersten Stock, da wird die Geschichte der Bundesliga aufgerollt, da soll's auch einen historischen Schuh geben, den von Timo Konietzka, der 1963 für Dortmund das allererste Bundesligator erzielte. Ich muss auch unbedingt ins WM-Kino, in dem Thomas Müller, Lahm & Co mit Sepp Herberger auftreten, in 3-D-Animation. Den DDR-Fußball habe ich auch noch nicht geschafft, den Frauenfußball, die Ursprünge des Fußballs, der Fußball im Nationalsozialismus ...

Auf 7000 Quadratmetern sind hier 1600 Exponate ausgestellt, kuratiert von der großartigen Mannschaft um Museumsdirektor Manuel Neukirchner; szenografisch und multimedial gestaltet von der Triad Projektgesellschaft unter der Leitung von Lutz Engelke, der so eine Art André Heller dieses Museums ist.

Ich ruhe mich kurz in einer Ecke aus, neben einer Lampe, auf deren Schirm Beckenbauer, der Kaiser, und Helmut Kohl abgebildet sind, vermutlich ein Foto nach dem WM-Triumph 1990 in Rom. Unter der Lampe liegt eine kleine Tüte mit Schrauben.

Verstohlen schaue ich nach rechts und links und stecke mir die Schrauben in die Hosentasche, vielleicht haben sie ja doch was mit Beckenbauer und dem WM-Sieg von 1990 zu tun!

In zehn Minuten fährt gegenüber vom Museum mein ICE. Ich laufe noch einmal schnell an meinen liebsten Stücken vorbei:

- Wunderball aus Bern
- Der linke Schuh von Gerd Müller. Sein Trikot: schlichtes Weiß, reine Baumwolle
- Und der linke Schuh von Götze. Rahns Schuh mag ich lieber, aber an Götzes klebt noch Maracanã-Rasen
- Miroslav Kloses Schuhe (beide)
- Die Hoteltelefonrechnung von Lothar Matthäus bei der WM 1990: 5337,20 DM. Irre! (War Telefonieren damals

so teuer oder gab es schon die 0190-Nummern von Beate Uhse?)

- Das Murmeltierfett, mit dem der Wunderheiler und Physiotherapeut Dieter Trzolek Fußballprofis behandelte, sein Leitfaden war das Kräuterbuch *Der Drogist* von 1895, auch ausgestellt

In den letzten fünf Minuten stehe ich in der »Schatzkammer«. Die deutschen EM-Pokale sind hässlich und interessieren mich nicht. Aber der WM-Pokal von 1954 ist wirklich schön, in Form einer Frau (komisch, Frauenfußball war verboten, aber die höchste Siegestrophäe im Fußballpokal stellte zwischen 1930 und 1970 eine Frau dar, die griechische Siegesgöttin!) Die WM-Pokale von 1974, 1990 und 2014, in Vitrinen nebeneinander, vergöttere ich. Aus 18-karätigem Gold modellierte ausgestreckte Hände, die eine Weltkugel halten. Der Sockel ist mit Malachit-Edelsteinen bestückt. Es ist ein Meisterwerk, mein Vater ist Goldschmied, ich sehe so etwas auf einen Blick!

Später, im Zug, denke ich an den Film *Ocean's Eleven* mit George Clooney. Man müsste einen weiteren drehen, in dem jemand die drei WM-Pokal-Meisterwerke aus dem Museum entwendet. Aus Liebe. Der 54er Pokal mit der Siegesgöttin wird auch mitgenommen. Dazu noch der Schuh von Rahn. Und der linke Schuh von Gerd Müller und von Götze. Auf jeden Fall Kloses Schuhe. Und der Wunderball von Bern. Und in dem Film würde ich die Clooney-Rolle gerne übernehmen. Und wenn man während des Coups irgendwas aus der Luft machen muss, weil es auf dem Museumsboden Sicherheitssensoren gibt, dann verpflichte ich Klaus Fischer.

4 Being Pirlo

Wie ich mit dem italienischen Genie verwechselt wurde

Es geschah auf einer Straße in Berlin. Im Juni vor einigen Jahren, ein Tag vor dem Finale der Champions League: Juventus Turin gegen den FC Barcelona im Berliner Olympiastadion.

Ich wollte gerade durch die Charlottenstraße zur Behrenstraße laufen, vorbei am Hotel Regent, als circa 20 Italiener anfingen zu schreien: »PIRLO!! … BUON PER VOI A VENIRE A NOI!! … PIRLO, ANDREA!!! … FOTO!! FOTO!!!!!!«

»Io??«, fragte ich.

»SÌ, PIRLO!!!«, riefen sie.

»Non sono Pirlo«, antwortete ich, ich spreche eigentlich gar kein Italienisch, ich bin natürlich auch nicht Pirlo, der große Mittelfeld-Gott von Juventus Turin, ich bin Schriftsteller bei Kiepenheuer & Witsch.

»Io sono uno scrittore«, sagte ich zu den Italienern, ich dachte sofort an Max Frisch, an einen seiner berühmtesten Sätze: »Ich bin nicht Stiller!« So beginnt ja der Roman *Stiller* – und ich könnte nun auch so ein Buch beginnen: »Non sono Pirlo.«

Ich stand jetzt vor dem Hotel in der Charlottenstraße, in dem Juventus Turin abgestiegen war. Es näherten sich bereits weitere fanatische Juve-Fans, drei von ihnen lösten sich aus der Gruppe und stürmten auf mich zu. Ich dachte, vielleicht könnte ich sie nach einer Karte für das Finale morgen fragen, ich hatte ja keine: »Foto con Pirlo contro il biglietto finale«, aber wie glaubhaft wäre das, wenn ich als Pirlo nach einem biglietto fürs Finale fragen würde, in dem er ja selbst mitspielt? Ich lief ins Hotel, versteckte mich in der Toilette der Lobby und schaute in den Spiegel. Blauer italienischer Anzug (weil ich eigentlich zu einem Empfang der Wochenzeitung *Die Zeit* musste); dichtes, dunkles, schönes pirlohaftes Haar, wenn ich das mal anmerken darf (Pirlos und meine Mutter scheinen uns gute Haargene vererbt zu haben, mit den Haaren haben ja die Väter weniger zu tun); und ich war auch wieder mal unrasiert (Pirlo ist auch immer unrasiert).

Ich googelte vor dem Spiegel. Pirlo war zwar ein paar Jahre jünger als ich, aber ich sah irgendwie gar nicht älter aus als er. Vielleicht war es auch der Spiegel des Hotels, schicke Hotels wie dieses hatten bestimmt Spiegel, in denen man jünger aussieht, damit die Gäste wiederkommen. Pirlos und meine Nase waren sich auch sehr ähnlich, das fiel mir jetzt plötzlich auf: zart, schmal, mit dezenter Stupsform, wir hatten beide Glück mit unseren Nasen.

In Italien nennen sie Pirlo »l'architetto«, den Architekten, googelte ich weiter. Oder »leader silenzioso«, den »stillen Anführer«, was es in Deutschland wahrscheinlich gar nicht gab. »Pirlo ist mehr als die halbe Nationalelf«, schrieb die *Gazzetta dello Sport*. »Die gemächliche Eleganz Pirlos scheint der Beschleunigung des Fußballs zu trotzen«, schrieb die *FAZ*. In seiner 2014 erschienenen Biografie *Ich denke, also spiele ich* (der Titel könnte auch von mir sein oder von René Descartes) erzählte Pirlo, dass er einmal beinahe zum spanischen Rekordmeister Real Madrid gegangen wäre, da spielte er noch für den AC Mailand. Er sei sich bereits mit dem Verein einig geworden und gedanklich schon in Madrid gewesen, als ihm der Präsident vom AC Mailand einen neuen Fünfjahresvertrag angeboten und die Gehaltsspalte frei gelassen habe, Pirlo durfte sich sein Wunschgehalt selbst eintragen. Das ist mir fast auch einmal gelungen. Als junger *Scrittore* traf ich den Chefredakteur einer Berliner Zeitung in der Waschanlage. Ich wusch meine Ente, Basiswäsche, er seinen BMW mit Komplettwäsche (Aktivschaum und Heißwachs), danach sollte ich ihm mit der Ente zum Alexanderplatz folgen und dann saßen wir ganz oben in der Chefetage der Zeitung, der ganze Raum war vernebelt von der Chefredakteurszigarre, und er fragte wie der Milan-Präsident, was ich verdienen wolle. Ich ging dann nicht zu dieser Zeitung, ich hatte kein gutes Gefühl, so etwas schien mir unnormal für die Welt eines *Scrittore* (zu viel Aktivschaum und Heißwachs).

Ich schaute wieder in den Spiegel. Natürlich gab es noch andere Fußballer, mit denen ich gern verwechselt worden wäre. Andrés Iniesta zum Beispiel, aber Iniesta hatte wenig Haare, ich war nicht Iniesta. Lionel Messi vergötterte ich, aber Messi war zu klein, Messi war ich auch nicht. Gerard Piqué? Da hätte ich Shakira kennenlernen können, die Mutter seiner Kinder, aber Piqué war ein ganz anderer Typ als ich. »Sei einfach Pirlo«, sagte ich in den Spiegel, »du bist jetzt Andrea Pirlo, der große Mittelfeld-Gott von Juventus Turin, von so etwas hast du dein ganzes Leben geträumt.«

In dem Film *Being John Malkovich* gibt es diese kleine Tür hinter einem Aktenschrank. Der Angestellte Craig Schwartz macht die Tür auf und entdeckt einen Tunnel, der ihn direkt in den Kopf des Schauspielers Malkovich führt. Craig gewinnt Macht über Malkovich und es entstehen ihm dadurch zahlreiche Vorteile, auch bei Frauen.

Ich hatte gar nicht bemerkt, dass ich die Toilette verlassen hatte und nun vor der Rezeption des Hotels stand, meine Fans warteten immer noch draußen.

»Room key per favore!«, sagte ich.

»Of course, Mr. Pirlo. Buona notte«, sagte der Rezeptionist.

Nachts lag ich wach und googelte weiter … Es war Pirlo, der das deutsche WM-Sommermärchen in der 118. Minute des WM-Halbfinales 2006 beendete, unglaublich dieser geniale Pirlo-Pass auf den Torschützen Grosso, der das 1:0 gegen Deutschland erzielte.

Ich schaute noch eine Weile Freistöße von Pirlo auf YouTube. Keiner schoss so schöne Freistoßtore wie er. Bei Ronaldo war die Ausführung so zelebriert, irgendwie überbetont; bei Messi schien es manchmal nicht mit rechten Dingen zuzugehen, als wären seine Freistöße aus dem Geist der Playstation entstanden oder von der Nasa berechnet, aber bei Pirlo wirkten Technik und Präzision gar nicht gekünstelt, die Flugkurven der Bälle schienen irgendwie glaubwürdiger, wie sollte ich sagen, fußballromantischer, der Ball flog ehrlicher.

Irgendwann fielen mir die Augen zu. Im Halbschlaf hörte ich Pirlo duschen, dann kam er aus dem Bad und legte sich neben mich.

»Ciao, Andrea«, sagte ich leise. »Ich bin auch Pirlo. Was machen wir jetzt?«

»Bene«, antwortete Pirlo, »spiel du morgen das Finale.«

»Mach ich«, sagte ich, »dann brauche ich auch keine Karte.«

»Mille Grazie«, sagte Pirlo.

»Wenn ich nicht Pirlo bin, bin ich eigentlich *Scrittore*«, murmelte ich.

»Interessante«, antwortete Pirlo.

Schweigen. Dann deckten wir uns zu.

»Domani notte, da werde ich durch die Straßen der Stadt schlendern«, sagte Pirlo noch. »Finalmente libero, finalmente vivo … Endlich frei, endlich leben …«

Im Finale lief ich nach zwei Minuten zu Messi und rief: »Mensch, Messi, ich bin in Wirklichkeit gar nicht Pirlo, ich bin da in was reingerutscht, Pirlo will heute Nacht leben, das ist echt eine lange Geschichte, aber was mache ich denn jetzt?«

Messi lächelte nur. Dann schlug er den ersten Traumpass.

5 Treffen sich zwei Bälle im Himmel

Dramolett für Uli Hoeneß und Bastian Schweinsteiger

Bei der EM 2016 gab es im Viertelfinale Deutschland gegen Italien das aufregendste Elfmeterschießen, das ich je gesehen hatte (insgesamt 18 Schützen traten an, am Ende stand es 6:5 für Deutschland). Bastian Schweinsteiger hatte die Entscheidung auf dem Fuß, doch er schoss den Ball so weit übers Tor in den Abendhimmel von Bordeaux, dass Erinnerungen an einen anderen berühmten verschossenen Elfmeter aufkamen.

Im Himmel treffen sich nun der alte berühmte Elfmeterball von Uli Hoeneß aus dem Belgrader EM-Finale von 1976 und der junge von Schweinsteiger.

Junger Ball: Hallo.

Alter Ball: Na, so was. Besuch! Wo kommst du denn her?

Junger Ball: Mich hat Schweinsteiger hier hochgeschossen, aus Bordeaux bis zu dir.

Alter Ball: Bei mir war es Hoeneß. In Belgrad. Hochgeballert hat er mich. Ich komm hier nie mehr runter.

Junger Ball: Ah, du bist dieser berühmte Ball!

Alter Ball: Ich bin ein verfluchter Tragödienball aus altem Leder und kreise hier schon vierzig Jahre am Firmament.

Junger Ball: Können wir ein Selfie machen? Fürs Internet?

Sie machen ein Selfie.

Alter Ball: Ich schaue manchmal die EM mit Jupiter, dem Planeten, der hat ARD.

Junger Ball: Jupiter schaut die EM?

Alter Ball: Venus auch, die hat ZDF. Venus mag Oliver Kahn.

Junger Ball: Krass. Und was sagen die Sterne? Gewinnen die Deutschen im Halbfinale gegen Frankreich?

Alter Ball: Wissen die nicht.

Junger Ball: Spielt Götze für Gómez?

Alter Ball: Wissen die auch nicht.

Junger Ball: Hä? Aber die können doch in die Sterne sehen? Frag sie, ob Müller endlich mal trifft!

Alter Ball: Nee, die sind doch selber die Sterne, wie können sie da in die Sterne sehen?

Junger Ball: Logisch eigentlich.

Alter Ball: Jupiter tippt auf Deutschland, die Venus aber auf Frankreich, die steht auf Antoine Griezmann. Sie lernt schon Französisch.

Junger Ball: Und was tippst du, du alte Pille? Ich tipp auf Elfmeterschießen.

Alter Ball: Ich hasse Elfmeterschießen. Nur wegen eines Elfmeterschießens ziehe ich hier einsam und ewig meine Bahnen. Ich bin eine tragische Existenz.

Der junge Schweinsteigerball umarmt den alten Hoeneß-ball.

Alter Ball *(wischt sich eine Träne weg)*: Mit Venus, der alten Schachtel, wird's auch immer langweiliger. Alles so eingespielt. Nie passiert mal was Überraschendes! Manchmal träume ich, dass Kubrick meine Geschichte verfilmt, weißt du, der Stanley Kubrick. *Die Odyssee des Balls* oder so.

Junger Ball: Mochtest du die Isländer? Die Isländer waren toll bei der EM.

Alter Ball: Ja, obwohl mir der scheiß Aschevulkan von denen hier fast den Rest gegeben hat.

Ein Komet rauscht vorbei und ruft noch schnell: »Tschüss, du Stern von Landsberg am Lech.«

Junger Ball: Boah, hat der es eilig. Wieso nennt der dich denn *Stern von Landsberg am Lech?*

Alter Ball: In Landsberg am Lech da saß doch der Uli Hoeneß im Gefängnis. Und wenn er nachts so traurig aus dem Gefängnisfenster gesehen hat, dann habe ich ihm geleuchtet, wie der Stern von Bethlehem.

Junger Ball: Schön. Das mach ich auch mal. Schweini heiratet ja bald. In der Ehe ist es wichtig, dass die Sterne gut stehen. Vor allem in Promi-Ehen!

Alter Ball: Schweini heiratet Ana Ivanović, die Tennisspielerin! Tolle Braut, Jupi hat manchmal die *Bunte,* die Ana habe ich mir angeschaut, die könnte mir mal einen Ball herdreschen, den würd ich glatt adoptieren. Sag ihr das, falls du noch Kontakt zu Schweinsteiger hast.

Junger Ball: Sag ich ihm. Ana macht das bestimmt. Du bist ja immer noch ein guter Typ.

Alter Ball: Danke. Venus sagt, ich sei ein alter weißer Ball. Das fand ich gemein.

Junger Ball: Aber du weißt so viel, das ist doch viel wert.

Alter Ball: Es gibt wenig junge Bälle, die das sagen würden …

Junger Ball: Ich sag's, ich verehre dich.

Alter Ball: Wenn du Pech hast, sehen wir uns sowieso tausendmal wieder.

Junger Ball: Vielleicht auch nicht. Ich wurde ja nicht ganz so hoch übers Tor geschossen wie du.

Alter Ball: Du bist bunter und fröhlicher als ich. Kein Tragödienball.

Junger Ball: Ja, ja, ist noch mal gut gegangen gegen Italien, dank Jonas Hectors Elfmeter, der war drin, Hectoooooooooor.

Alter Ball: Hector, was für ein Name ... Früher sagte man noch Schwarzenbeck, Hölzenbein ...

Junger Ball: Oh, ups ... Ich spüre plötzlich die Schwerkraft, ich glaube, ich muss los.

Alter Ball: Zurück zur Erde? ... Oh ... Ach, nimm mich mit!

Junger Ball: ... Zu spät, zu spät, es reißt mich schon ... Mach's gut, du guter alter Ball ... Au revoir, wie der Franzose sagt.

Alter Ball: Au revoir, mon ami ... Leb wohl!

Der junge Schweinsteigerball fällt wieder zurück auf die Erde. Der Hoeneßball kreist nach alter Weise traurig und tragisch weiter.

6 Der Empfindsame

Begegnung mit Jürgen Klopp

Komischerweise gelte ich in England als Klopp-Experte. Nicht Klopstock, wie man sich bei einem Literaten noch denken könnte, nein, Klopp, ohne Stock, Klopstock war ein berühmter deutscher Dichter der Empfindsamkeit, aber ich weiß mehr über Klopp.

Im Mai 2015 traf ich Klopp zwei Tage vor seinem letzten Bundesligaspiel mit Borussia Dortmund gegen Werder Bremen, der BVB siegte mit 3:2, womit Klopp den Dortmundern gerade so eben die Euro-League-Teilnahme sicherte. Wir saßen in der Puma-Lounge des BVB-Stadions und schauten von hoch oben auf den Rasen. Unten fegten Mitarbeiter die Ränge der Südtribüne. Das Gespräch sollte 15 Minuten dauern, wir sprachen zwei Stunden. Über die Gründe, warum die Dortmunder in der Saison so überraschend eingebrochen waren: die Verletzungen der Spieler; die Müdigkeit derer, die für die WM in Brasilien im Einsatz waren; die daraus resultierende fehlende Laufbereitschaft, die mentale Verfassung, das Übliche. Aber irgendwann sprachen wir auch über Blockaden, bei Spielern wie Literaten. Hummels, Reus, Beckett: »Wieder scheitern, besser scheitern.« Sogar um *Hamlet* ging es plötzlich, Shakespeare, um die »Gedankenblässe« von Mkhitaryan, der mit zweitem Namen Hamleti hieß, was ich erst viel später erfuhr (ja, bei Dortmund spielte Hamlet!).

Das Gespräch, das ich für ein Buch der deutschen Autorennationalmannschaft über den BVB führte, druckte der *Guardian* nach und als Klopp schließlich nach Liverpool an die Anfield Road wechselte mit seinem legendären Satz »I am the normal one«, kam auch ich in England an, nicht als Dramatiker, sondern als Klopp-Experte.

Jürgen Klopp hat mich schon immer fasziniert. Er ist keiner dieser Trainergeneräle wie José Mourinho oder Louis van Gaal, die allesamt vom hohen Ross herab Anweisungen geben und dabei nie ihren Sattel zu verlassen scheinen; nein, Klopp springt ständig vom Pferd herunter, um zu Fuß zu laufen (the normal one). Ja, manchmal sieht er aus wie das Pferd selbst, mit Pöhler-Kappe bei Dortmund. Er schäumt, wiehert, galoppiert an der Seitenlinie entlang, droht dem vierten Offiziellen mit seinem Unterkiefer, bleckt die Zähne, wie es nur Pferde können, und springt bei Toren höher als die besten Hengste Schockemöhles (berühmter deutscher Reiter!). So ist Klopp. Einerseits.

Andererseits kann er sprechen wie ein Buch. So wie er die Spiele fast feuilletonistisch analysiert, könnte er bestimmt auch mühelos Friedrich-Gottlieb-Klopstock-Oden analysieren (the special one!). Klopp ist den Fans nah als emotionalisierender Dauerbrenner und dem Fußball- und Medien-Establishment willkommen als gedanklich schneller Talkpartner, manchmal auch als Sprücheklopper. Er hatte zahllose Werbedeals – von der Ergo Versicherung über Mitsubishi bis Philipps Longhair-Shaving. Angefangen hatte er hemdsärmelig mit Tapetenkleister.

Vom Ruhrpott-Club Borussia Dortmund wechselte er zum FC Liverpool, »The Reds«, das sind, verglichen mit dem FC Bayern München oder FC Chelsea, Arbeitervereine, allerdings sind auch sie längst zu Clubs geworden mit weit über 100 Millionen Euro teuren Mannschaften. Für den Spagat zwischen Tradition und Fußballmoderne ist Jürgen Klopp in diesem widersprüchlichen Geschäft vermutlich die beste Besetzung, die man sich denken kann.

Wie aber bleibt man bei all dem Geld noch das empfindsame, leidenschaftliche, Fußball liebende Kind?

Als wir in der Puma-Lounge saßen, sagte ich ihm, dass ich mit seinem Kapitän Sebastian Kehl gesprochen hätte, der ebenfalls zum letzten Mal vor heimischer Kulisse spielen würde. Und dass Sebastian Kehl über die berühmte Dortmunder Südtribüne, die sogenannte »gelbe Wand«, gesagt habe, dass er manchmal am liebsten vor der gelben Wand stehen geblieben wäre und diese Stimmung, diese Atmosphäre in Flaschen gefüllt hätte, um sie später mit nach Hause zu nehmen, so wie diese Patrick-Süskind-Figur Grenouille es mit dem Duft der Frauen gemacht habe.

Klopp schaute plötzlich weg. Als kämen ihm die Tränen und er wollte sie einem Fremden nicht zeigen. »Das brauche ich auch, ganz viele dieser Flaschen«, sagte er leise. Klopp wirkte jetzt wirklich wie ein empfindsamer Klopstock. Dann ließ er den Blick über die leere Südtribüne schweifen und schwieg.

Ich dachte an diesen Herbert-Grönemeyer-Satz, dass es nichts Schöneres im Leben gebe, als den Rasen zu riechen und ihn zum Spielen betreten zu dürfen. Klopp schwieg immer noch, mir kam der Begriff der »Innerlichkeit« in den Sinn, den Klopstock geprägt hatte. Ich wollte ihn in seiner Innerlichkeit zwar nicht stören, aber das lange Schweigen war für ein Interview äußerst ungewöhnlich, ich fragte mich schon, ob er mich vielleicht vergessen hatte. Leise sagte ich schließlich: »Ja, ich könnte hier stundenlang sitzen und auf den Rasen schauen.«

»Ich auch«, antwortete Klopp.

Dann gab er mir die Hand und verließ die Puma-Lounge.

7 Meine Aufnahmeprüfung über Torquato Tasso und Otto Rehhagel

Für Jürgen Flimm †

Sommer 2022. Der große Theatermann Jürgen Flimm und ich gehen in eine kleine italienische Bar in der Bleibtreustraße, nahe seiner Wohnung in Berlin. Wir sind beide Werder-Bremen-Anhänger und nachdem wir auf den Aufstieg unseres Vereins angestoßen und den Schonwiedernichtaufstieg des HSV etwas belächelt haben, erzählt er, wie so oft, alte Theatergeschichten, während sein Rollator neben uns steht und gar nicht zu all den lebendigen, tollen Geschichten passen mag. Und auch ich erinnere mich an eine Flimm-Geschichte, die ich dann sogar dem Kellner der italienischen Bar erzähle.

Ich wollte nämlich beim großen Flimm studieren, dem berühmten Regisseur der siebziger, achtziger Jahre; der damals Intendant des ehrwürdigen Hamburger Thalia Theaters war. Er lehrte Regie am Institut für Theaterwissenschaft, das von einem Professor Brauneck geleitet wurde, der Standardwerke herausbrachte, die ich für die Aufnahmeprüfung alle gelesen hatte. Und natürlich hatte ich auch alles über die berühmtesten Flimm-Inszenierungen gelesen, zum Beispiel *Platonow* von Tschechow. Ich hatte sogar einen Satz aus einer Kritik auswendig gelernt: *Kaum je wurde die sterbenskomische Lebenslangweile der Tschechow-Figuren in über fünf Stunden derart kurzweilig vorgeführt.*

Vor der Prüfung begegnete ich zufällig dem Alt-Intendanten Kurt Hübner, er lief durch das Foyer der Bremer Shakes-peare-Company, wo die Mutter meiner ersten Freundin Sekre-tärin war. Ich sprach ihn sofort auf meine Hamburger Prüfung über den Bremer *Torquato Tasso* an, eine Inszenierung aus sei-ner Amtszeit, Regie: Peter Stein.

Dann kam einer dieser berüchtigten Hübnermonologe: Pe-ter Stein sei ein Demagoge gewesen, der ihn, Hübner, mit die-sen Mitbestimmungsreden zur Weißglut gebracht habe, weil er, Hübner, ja den Fortbestand des Theaters sichern müsse, und im *Torquato Tasso* habe sich Stein an ihm, Hübner, gerächt, aber es sei ohnehin egal, ob ich die Prüfung bestünde, weil die Welt bald sowieso untergehe und das Theater gleich mit.

»Jetzt komm gleich ich ins Spiel!«, sagt Flimm voller Vor-freude dem italienischen Kellner, der geduldig dasteht mit sei-nem Tablett und sich die ganze Geschichte anhören muss.

In der Prüfung erzählte ich Flimm dann alles, was Hüb-ner gesagt hatte, auch, dass ich nach der Prüfung möglichst schnell am Thalia Theater inszenieren müsse, weil das Theater beziehungsweise die Welt bald untergehen würde.

Flimm sah mich zerknirscht an, das konnte er ja, und die Zerknirschtheit in der nächsten Sekunde in Heiterkeit um-schlagen lassen, aber bei mir gab's keine Heiterkeit, ich war durchgefallen.

Ein Jahr später bewarb ich mich wieder. Ich hatte gehört, dass Jürgen Flimm sogar mit dem großen Fußballlehrer Otto Rehhagel befreundet sei, eine der, wie es hieß, »tiefsten Freundschaften zwischen Kultur und Sport seit der Begeg-nung von Brecht und Max Schmeling«, das wollte ich in der Prüfung unbedingt strategisch erwähnen. Aber nach zwei Mi-nuten Prüfzeit sagte Flimm zu Professor Brauneck: »Woher kenne ich dieses Gesicht?«

»Ach«, antwortete Brauneck, »der junge Mann hatte uns das letzte Mal den Weltuntergang prophezeit, aber ich finde ihn für das Theater eigentlich ganz interessant, darum habe ich ihn noch mal eingeladen.«

»Ah ja …«, murmelte Flimm und sah mich noch zerknirschter an als beim letzten Mal.

»Otto«, warf ich noch ein, »Otto Rehhagel! … Sie, Otto, Brecht und Schmeling!« Ich zitierte noch schnell: »Kaum je wurde die sterbenskomische Lebenslangweile der Tschechow-Figuren in über fünf Stunden …«

»Wer hat diesen berühmten Satz gesagt?«, fragte Flimm plötzlich. »*Das Runde muss ins Eckige.* Otto Rehhagel oder Sepp Herberger?«

»Rehhagel!«, antwortete ich, wie aus der Pistole geschossen.

»Falsch, Herberger«, sagte Flimm, »das verwechseln alle! Ihr habt alle keine Ahnung von Fußball! Von Rehhagel stammt: *Der Ball muss ins Tor.*«

Wieder durchgefallen!

Zwölf Jahre später nahm Flimm nach einer glanzvollen Ära Abschied vom Thalia Theater in Hamburg, und der neue Intendant ließ zur Eröffnung das Stück eines jungen Autors uraufführen. Es war zufällig meins. Ich saß in der Loge, der Stuhl neben mir war noch frei. Und wer kam plötzlich und setzte sich neben mich? Otto Rehhagel, nein, nein, noch besser, es war Flimm, ausgerechnet Flimm!

»Ist die Geschichte nun zu Ende?«, fragt der Kellner in der Bar.

»Ja, eine wirklich schöne Theatergeschichte! Sie handelt von unseren zwei Lieben: dem Theater und dem Fußball. Es ist ein Drama, dass ich das damals in den Prüfungen nicht bemerkt habe, so haben wir viele Jahre miteinander verloren«, sagt Flimm, stellt sich hinter seinen Rollator und tippelt davon.

Wir sind uns nie wieder begegnet, es war sein letzter Sommer. Aber ich sehe ihn noch heute neben mir in jener Loge sitzen. Er wirkte wieder zerknirscht, aber für mich war es der größte Tag in meinem Leben – und den hatte ich zum Teil mit Jürgen Flimm verbracht. Den vierten Akt des Stücks hielt er im Übrigen für missraten, durchgefallen.

8 Ich wäre so gerne der Messi der Bücher

17. Dezember 2022,
ein Tag vor Messis Finale bei der WM

Als ich den Film über die Kindheit von Lionel Messi zum ersten Mal sah, musste ich an Mozart denken. An das Wunderkind, das schon mit sechs Jahren bei Hofe konzertierte, immer begleitet vom Vater.

Im Messi-Film (auf YouTube) ist es die Großmutter Celia, die ihn im argentinischen Rosario zum Fußballplatz begleitet. Sie überzeugt den Trainer, den viel zu kleinen Lionel beim Grandoli FC mitspielen zu lassen, steht am Rande des Sandplatzes und feuert ihren Enkelsohn an. Für jedes Tor gibt es einen Keks. Der Winzling umkurvt die größeren Kinder, dribbelt sich über den ganzen Platz und schießt den Ball mit großer Gelassenheit ins Tor – es sind lauter kleine Etüden als Vorstufe der späteren Sonaten und Sinfonien.

Eine davon habe ich nun im Halbfinale der Argentinier gegen Kroatien gesehen. Messi spielt sich auf der rechten Seite frei, gefolgt von Joško Gvardiol, einem der besten Verteidiger bei diesem Turnier. Messi spielt sich mit einem Dribbling bis zur Strafraumkante durch und legt dann Álvarez auf: Tooooooooooooooooooooooooor, wie es die südamerikanischen Reporter zu sagen pflegen.

Dem spanischen Autor Jodi Puntí ist das beste Buch über

Messi zu verdanken (ich habe alle gelesen!). Er zitiert darin aus dem Vortrag des Schriftstellers Italo Calvino, der die Eigenschaften, die gute Literatur haben müsste, beschreibt, zum Beispiel: Leichtigkeit und Genauigkeit. Der Dichter starb, bevor er seinen Vortrag halten konnte, aber ohne es zu wissen, hatte er auch über Messi geschrieben.

Der Moment, wenn Messi ein Tor schießt: Es beginnt mit einem eleganten Solo, einer Mischung aus Täuschung und *toucher de balle,* so als würde er mit dem Ball an den Gegenspielern vorbeifliegen. Und wie er dann aus dem Lauf geschmeidig schießt, mit links, so als würde er im Schuss die Welt anhalten, die Schwerkraft aufheben, denn es sieht alles so leicht aus. Und dann fällt das Tor, ein fantastisches Tor, weil er es schon imaginiert, bevor er es schießt, ein Tor aus Fantasie, aus Präzision, wie eine Notation, in Vollendung – das ist doch Dichtung, Komposition?

Calvino beschreibt den griechischen Helden Perseus, der sich »in Flügelsandalen durch die Luft bewegt«, das könnte Messi sein (wobei man sagen muss, dass er in jedem Spiel auch einfach spazieren geht). Aber der Kopf Messis, der ist bestimmt der schnellste, den es im Fußball je gegeben hat.

In meinem Roman *Der längste Tag im Leben des Pedro Fernández García* gibt es einen Jungen auf Lanzarote, der Messi vergöttert. Er sammelt Messi-Trikots und schaut alle Messi-Tore auf YouTube. Er hat auch eine DVD über Messis Leben, über dessen Anfänge, die Wachstumsstörung, die Armut, die Messi-Großmutter. Der Junge im Roman schreibt auch den ersten Brief seines Lebens an Messi. Und Pedro, der Vater des Jungen, will sich sogar ein Buch des Nobelpreisträgers José Saramago von diesem mit den Worten *Der Messi der Bücher* signieren lassen, nur damit der Sohn etwas ähnlich

Kostbares hat, weil Messi natürlich nie antwortet. Bis am Ende ein Wunder geschieht.

Natürlich habe ich als Kind auch einen solchen Brief geschrieben, an Günter Netzer! Keine Antwort. Viele meiner Helden von damals, Rummenigge oder Klinsmann, sind älter geworden und auch irgendwie nervig, nur Messi zaubert seit Ewigkeiten weiter, erst neben Ronaldinho, später neben Xavi oder Iniesta. Noch heute umkurvt er seine Gegenspieler, fliegt an ihnen vorbei mit seinen Flügelsandalen, und ich denke dabei an dieses YouTube-Video aus seiner Kindheit. Und noch immer ist auch seine Großmutter anwesend, weil er ihr nach jedem Tor mit einem Gruß zum Himmel dankt.

Messi hat nach dem Viertelfinale einen Niederländer als »Idioten« beschimpft. Nun ja, Mozart war bekannt für seine Fäkalsprache, er nutzte Wörter, die niemand abdrucken würde. Vielleicht ist es auch gar nicht einfach, Messi zu sein. »Wie schön es wäre, fünf Sekunden lang er zu sein, um zu wissen, wie es sich anfühlt«, sagte ein argentinischer Mannschaftskamerad einmal.

Und Ronaldo? Der große Rivale (im Vergleich zu Messi-Mozart ist er der Salieri) – er ist bei dieser WM abgetreten, plötzlich alt geworden. Aber Messi kann morgen, wie Maradona, Weltmeister werden – die allergrößte Sinfonie, die ihm noch fehlt.

9 Ein Spieler namens Pasolini

5. März 2022

Pier Paolo Pasolini wäre heute 100 Jahre alt geworden. Er war nicht nur Regisseur *(Das 1. Evangelium nach Matthäus)* und freibeuterischer Dichter *(Ragazzi di vita);* im Grunde genommen war er auch Fußballer. Und er war besessen vom Biavati-Übersteiger. Amedeo Biavati, Vorgänger von Cristiano Ronaldo und bester italienischer Halbstürmer vor dem Zweiten Weltkrieg, begann seine Karriere bei Pasolinis Herzensverein, dem FC Bologna, mit noch nie gesehener Übersteigertechnik.

Pasolini habe sich seit dem elften Lebensjahr mit dem Übersteiger beschäftigt, er habe ihn auf den Caprara-Wiesen geübt, später auf den Plätzen der römischen Vorstadt, berichtet der italienische Autor Valerio Curcio in seinem gerade erschienenen Buch *Der Torschützenkönig ist unter die Dichter gegangen* (Edition Converso).

Als der FC Bologna zum siebten Mal italienischer Meister werden sollte, interviewte Pasolini die Spieler. Das Thema war nicht der Übersteiger von Biavati, sondern das Verhältnis der Italiener zur Sexualität.

Die Aufnahme kann man bei YouTube ansehen. Pasolini im schwarzen Anzug, offenbar gerade beim Friseur gewesen, wie ein hilfloser Liebender steht er vor den Spielern in ihren

Trainingsanzügen, die etwas stumpf wirken und ihm keinen brauchbaren Satz schenken können.

Mir ist so etwas auch schon passiert. Bei den Wormser Nibelungenfestspielen kam einmal die Mannschaft von Bayer 04 Leverkusen in meine Vorstellung. »Hat euch die Darstellung des Siegfrieds gefallen?«, fragte ich danach. Michael Ballack kaute Kaugummi, als ob er mich gar nicht gehört hätte; Bernd Schneider starrte in die Kulissen, Lúcio lächelte an mir vorbei.

Die Liebe der Kulturschaffenden zum Fußball ist manchmal so glühend und blind, dass wir in die Protagonisten alles hineinprojizieren, wir erwarten sogar, dass sie etwas Erhellendes über die Nibelungen sagen können. Der italienische Regisseur Sergio Citti berichtete nach einem Treffen von Pasolini mit Bulgarelli, dem jungen Kapitän vom FC Bologna, dass Pasolini gewirkt habe, als hätte er Jesus gesehen.

»Meiner Ansicht nach lebte Pier Paolo mit rückwärtsgewandtem Blick. Er blickte seinem Kinder-Ich hinterher, das sich davongemacht hatte. Wenn er spielte, dann nahm dieses Kind zusammen mit dem Fußball wieder Gestalt an; wenn er mit dem Spielen aufhörte, verwandelte er sich aufs Neue in den unruhigen, geplagten Erwachsenen, zu dem er geworden war« – so schön beschreibt es die Schriftstellerin Dacia Maraini.

Ich erinnere mich noch an ein Gespräch mit Günter Netzer nach einem Länderspiel in Mönchengladbach vor einigen Jahren. Wir saßen an der Hotelbar und ich hörte zu, wie Netzer von den alten Zeiten erzählte. Ich dachte daran, dass Joseph Beuys ihm einmal eine Professur für angewandte Kunst an der Kunsthochschule in Düsseldorf angeboten hatte. Ich fragte Netzer, ob er sich noch an das Angebot von Beuys erinnern könne. Netzer sah mich an, sagte nichts und sprach dann mit den anderen über Fortuna Düsseldorf.

Natürlich hatte auch Pasolini eine eigene Mannschaft gegründet, genau wie ich. Seine hieß »Nazionale dello spettacolo«, meine »Autorennationalmannschaft«, abgekürzt: »Autonama«, ein Name, der Pasolini bestimmt gefallen hätte.

Er war bekannt dafür, dass er Spielberichte kommentierte oder nachträglich korrigierte: »Als Erster traf Cecchet mit einem Elfmeter in der 20. Minute, woraufhin es auf dem Platz zu Krawallen zwischen Spielern, Schiedsrichter und Zuschauern kam; als wenige Minuten später wieder Ruhe eingekehrt war, da schoss Pasolini mit einer Einzelaktion das zweite Tor.«

So etwas will man natürlich später über sich in den Biografien lesen. *Jedes Tor ist eine eigene Erfindung,* schreibt Pasolini. *Der Torschützenkönig einer Meisterschaft ist jedes Mal der beste Dichter des Jahres.*

10 »Behalt ick, für immer!«

Der legendäre Aufstieg von Union Berlin in die 1. Bundesliga

Fußballspiele habe ich schon einige erlebt. Zum Beispiel hatte ich 2006 irgendwie auf dem Schwarzmarkt ein Ticket für das WM-Finale Frankreich – Italien im Olympiastadion bekommen, ich erinnere mich noch an Zidanes Kopfstoß gegen Materazzi, der mitten im Spiel Zidanes Schwester beleidigt hatte. Zidane flog daraufhin vom Platz, Italien gewann im Elfmeterschießen und der ganze Zidane-Materazzi-Dialog ist mittlerweile einer der großen Mythen des modernen Fußballs, denn es kursieren diverse Vermutungen darüber, was Materazzi noch gesagt haben könnte.

Dann war ich als Jugendlicher im Bremer Weserstadion, ich hatte das Ticket von meinem Vater zu Nikolaus bekommen. Werder Bremen spielte im UEFA-Pokal-Rückspiel gegen den SSC Neapel, bei Flutlicht und Nebel, und wer lief da plötzlich im kleinen Weserstadion auf? Ja, Diego Maradona, der war damals für mich Gott, die Eintrittskarte habe ich heute noch.

So, und nun muss ich auch hinzufügen: Ich war beim Relegationsspiel 1. FC Union gegen den VFB Stuttgart. In Köpenick! Am 27. Mai 2019, ein Tag für die Ewigkeit.

Auf den ersten Blick ein völlig zerfahrenes, mäßiges Spiel,

aber was da sportlich passiert ist, das muss man hier wohl niemandem mehr berichten. Also, diese eine Minute um 22:28 Uhr – die war die schönste und zugleich existenziellste Minute, die ich je im Fußball erlebt habe.

Die fein gezwirbelten Stuttgarter Delegierten saßen genau unter mir, ich sah den VFB-Präsidenten, in dessen Gesichtszügen zu lesen war, dass er sich innerlich von den Sponsorengeldern und Daimler-Millionen verabschiedete, ausgerechnet hier, in Köpenick. Und keine zwei Sekunden nach Abpfiff wurde der Platz von den in diesem Moment vermutlich glücklichsten Menschen der Welt gestürmt.

Auf der Stadiontreppe küsste mich um 22:28 Uhr eine Hostess, was bei Hertha undenkbar gewesen wäre!

Später, als ich durch den Wald der Alten Försterei zur S-Bahn lief (bei Union muss man immer durch den Wald, wie herrlich), standen die Unioner an den Bäumen, pinkelten und posteten, sangen und sprachen über alte Zeiten und darüber, wie lange sie auf diesen Tag hatten warten müssen. Es war, als sprächen manche auch mit den verstorbenen Unionern im Himmel. Es roch nach Bier und feuchtem Waldboden, im Hintergrund sang Nina Hagen *Eisern Union!*, die Klänge eines Dudelsackspielers mischten sich darunter, der mitten durch den Wald lief. In der S-Bahn fand sich der halbe Fußballplatz wieder, jeder fünfte hatte ein Stück Rasen in der Hand.

»Hattest du'n Spaten mitgenommen?«, fragte ich einen. »Wie haste denn das mitgekriegt?«

»Rausjerissen!«

»Mit den Händen??«

»Nee, mit Jott! Da kiekste, wa?«

»Wow. Ebay, wa?«

»Haste noch alle Murmeln im Sack? Behalt ick, für immer!«
Vermutlich war dieser Fußballdialog auch der beste, der je
stattgefunden hat, nicht ganz so mythisch wie bei Zidane und
Materazzi, aber irgendwie historisch.

II Vom Stürmen

1 Ich bin Schönspieler

In meiner Jugend war »Schönspieler« ein Schimpfwort. Ich weiß noch, dass mich einer der Trainer meiner Jugend in der Halbzeit »Schönspieler« nannte und auf mein Trikot zeigte. Es war unbefleckt, die weiße Hose strahlte, während die der anderen alle dreckig waren. Ich hatte in dem Spiel bestimmt mit Abstand die meisten Akzente gesetzt, trotzdem lagen wir zurück und weil meine Hose strahlte, war ich schuld.

Jahrelang habe ich bei Fußballübertragungen auf die Hosen und Trikots der Spieler geachtet, einmal sogar beobachtet, wie der Spieler Hansi Müller und sogar Beckenbauer, der Kaiser, der ebenso als Schönspieler galt, sich vor dem Pausentee Matsch auf die Hosen schmierten, vielleicht hatten beide ähnliche Erfahrungen in der Jugend gemacht.

Ein Schönspieler, so lautete das Urteil meiner Jugend, ist nie da, wo es wehtut. Niemand fragte aber, warum? Vielleicht war der Schönspieler da, aber er bewegte sich weiter, bevor es wehtat oder ihn jemand in den Dreck stoßen konnte.

»Was ist denn mit Beckenbauer oder mit Cruyff«, fragte ich den Jugendtrainer, denn das waren zu meiner Jugendzeit Spieler, die waren so gut, dass sie fast ohne Zweikämpfe auskamen. Sie tanzten über das Feld. Sie grätschten nicht. Beckenbauer und Cruyff konnten fliegen.

Doch ausgerechnet die mochte mein Trainer nicht. Er stand auf Hans-Georg Schwarzenbeck, Hans-Peter Briegel, Karlheinz Förster oder Jürgen Kohler, also Spieler, die genau

für das standen, was ihm sein Vater in der Erziehung einge-
bläut zu haben schien: Kampfspiel. Körpereinsatz. Sie waren
hart im Nehmen.

Fußball in den Dreißiger- und Vierzigerjahren des 20. Jahrhunderts war ein Teil der Militarisierung der Gesellschaft. Die
Sprache der Sportreporter war davon geprägt, das Reden von
Moral und Truppe. Manche Fußballreporter behielten das bis
heute bei, sie sprechen von »Krieg«, von »Schlacht«. Ich erinnere mich noch an Reporter wie Heribert Fassbender, die mitten im Spiel an die Mannschaft appellierten: »Fangt jetzt bloß
nicht an zu zaubern, das könnt ihr nicht mit unserem deutschen Bewegungsapparat! Wir brauchen unsere Sekundärtu-
genden!«

Dabei habe ich gar nichts gegen die sogenannten »deutschen Tugenden«. Wir hätten das WM-Finale 2014 in Brasilien gegen Argentinien bestimmt nicht ohne deutsche Tugenden gewonnen. Schweinsteiger, der blutend immer wieder
aufstand, war sogar der Held des Finales. Aber es gab auch
Kroos, Özil, Schürrle und eben den Schönspieler Götze, der
in diesem Finale sicher 90 Minuten nichts zu suchen gehabt
hätte, aber er kam für den alles entscheidenden schönen Moment ins Spiel. Und er machte es, Götze machte es!

Wir schimpfen immer noch auf Schönspieler, aber wir wollen alle ein schönes Spiel sehen. Woraus aber besteht denn
ein schönes Spiel? Aus gelungenen Ballstafetten, individueller
Spielkunst, Erfolg und Fairness. Nicht aus Blutgrätschen, El-
lenbogenchecks und permanenten Nickeligkeiten.

Leider gab es in meiner Jugend das Wort »Kreativabtei-
lung« noch nicht. Zu gern hätte ich meinen Jugendtrainer in
die Zeitmaschine gesetzt, um ihm Spiele von Andrea Pirlo,
Mesut Özil, Diego Ribas da Cunha, Toni Kroos, Luís Figos,

Arien Robben, João Pintos, Xavi oder eben Andrés Iniesta zu zeigen. Iniestas schönes Spiel beim FC Barcelona begeistert mich, wie er über den Platz schwebt, fast blass, ohne Tattoos und gefärbte Haare. Iniesta, Xavi, der Italiener Pirlo oder eben der legendäre Franzose Zinedine Zidane: Sie alle waren Architekten des Spiels, Baumeister, sie errichteten die Kathedrale des Spiels.

Natürlich gibt es auch Schönspieler, die ich nicht so unbedingt mochte. Beckham oder Ronaldo zum Beispiel. Ronaldo hat einen durchtrainierten, fast aerodynamischen Körper, enorme technische Fähigkeiten, aber ist er ein Schönspieler? Ist seine Wucht schön? Ist sein Spiel, sein Auftreten wirklich schön? Sein Torjubel? Seine Medienpräsenz?

Zu einem Schönspieler gehört mehr als Tore schießen. Eric Cantona zum Beispiel war ein Fußballrambo auf dem Platz, aber auf einer Pressekonferenz sagte er mal Folgendes: »When the seagulls follow the trawler, it's because they think sardines will be thrown into the sea. Thank you very much.« Das ist für fußballverrückte Kulturschaffende natürlich eine Sternstunde, schöner geht es nicht. »Die Möwen folgen dem Fischkutter, weil sie glauben, dass die Sardinen wieder ins Meer geworfen werden.«

Für Cantona galt von da an die Sonderkategorie des geistigen Schönspielers.

Messi ist ein absoluter Sonderfall. Mein Jugendtrainer hätte Messi nicht aufgestellt. Zu klein, zu undeutsch, zu leise. Ich war mal bei einem Champions-League-Finale in Berlin, Barcelona gegen Juventus Turin. Neben mir saß der Trainer, Sportdirektor und Funktionär Ralf Rangnick, er telefonierte während des gesamten Spiels mit Spielerberatern und irgendwann tippte er mir auf die Schulter, zeigte auf Messi und sagte:

»Würde ich nie kaufen, steht nur rum.« (Dafür kaufte er in dem Telefonat David Selke!)

Für Rangnick ist Messi zu sehr Individualist, vermutlich will Rangnick Gleiche unter Gleichen mit körperlicher Dominanz, wie eben mein Jugendtrainer. Natürlich kann man meinen Jugendtrainer nicht mit Rangnick vergleichen, aber bei ihm durfte auch keiner rumstehen, wie Messi das tut, wenn man ihn live im Stadion sieht, nicht nur auf dem Bildschirm, den herumstehenden Messi sehen wir ja in der Übertragung nicht.

Für mich stand schon immer fest, dass es auch den Schönspieler im Team geben muss, der mal eine kreative Pause einlegen darf. Wie ich damals. Nur war ich noch gezwungen, mir in meinen Pausen Matsch auf die Hose zu streichen.

2 Man muss schreiben, wie Claudio Pizarro spielt

Ein Treffen mit dem Stürmer in Bremen

Claudio Pizarro erinnerte mich zum späten Ende seiner langen Karriere an Dorian Gray. Er wurde einfach nicht älter und blieb bis zum Schluss der schönste Mann, den die Bundesliga je gesehen hatte.

Ja, ich wollte ja schon immer einmal einem Mann eine Liebeserklärung machen, das mache ich jetzt! George Clooney käme infrage, Brad Pitt oder eben Claudio Pizarro. Überhaupt habe ich immer geglaubt: Man muss schreiben, wie Pizarro spielt!

Ich war im Weserstadion, als der Stürmer im Spätsommer 1999 für Dirk Flock eingewechselt wurde, dessen Ruhm vermutlich darin begründet ist, für Claudio Pizarro ausgewechselt worden zu sein. Die Bremer mussten erst einmal lernen, den Namen auszusprechen, nicht Pizza-ro, sondern Piz-arro, Claudio, nicht Claudia. Ein Peruaner aus den Anden in Norddeutschland. Geboren in der Hafenstadt Callao, deren Gründungsvater auch Pizarro hieß. Ein spanischer Conquistador, mit ähnlicher Strahlkraft und stechendem Blick, nur nicht ganz so charmant wie er. Vermutlich ist die schelmische Kindlichkeit der Grund, dass Freund und Feind ihm die ständigen Wechsel zwischen Werder Bremen und Bayern München, dem früheren Erzrivalen, durchgehen ließen.

Pizarro verließ Bremen zweimal in Richtung Bayern, einmal ging er nach London zu Chelsea, aber er kam jedes Mal wieder zurück nach Bremen. Man könnte sagen: In München sammelte er Titel, in Bremen wurde er geliebt und liebte selbst.

16 Jahre nachdem er das erste Mal in Bremen auf dem Rasen stand, wurde er im September 2015 in Hoffenheim in der 82. Minute von Viktor Skripnik eingewechselt, mit dem er in seiner ersten Zeit bei Werder zusammengespielt hatte. Der Dorian-Gray-Pizarro war kaum auf dem Platz, da bereitete er schon das 2:1 durch Anthony Ujah vor. Im März 2016, mitten in einer der grausamsten Bundesligazeiten Werders, erzielte er drei erlösende Tore in Leverkusen zum rettenden 4:1 Auswärtssieg.

Es war Uli Hoeneß, der den damals 34-jährigen Pizarro gegen den Widerstand von Karl-Heinz Rummenigge zurückholte. Vermutlich hatte Hoeneß Dorian Gray gelesen oder er bewertete Pizarro wie einen edlen Wein – je älter, desto besser das Bouquet. Pizarro lieferte noch ab, als andere schon längst den Korken draußen hatten. Mit fast 36 Jahren schoss er vier Tore in einem Spiel gegen den HSV, eins davon lässig mit der Hacke, um im Rückspiel auch noch per Fallrückzieher das »Tor des Monats« zu erzielen. Man kann es sich auf YouTube ansehen. Überhaupt wird man auf YouTube pizarrosüchtig. Pizarro-Tore mit der Hacke, der Hüfte, mit dem Knie, es gibt Heber, Hattricks, Schlenzer, Fallrückzieher. Gesammelte Werke. Und viele mit spanischem Euphoriekommentar »Golazo de Claudio Pizarro! Golazo de Claudio Pizarro!! Pizarrrrrrrrro« Oder: Golazo de Pizarrrrrrrrro! Claudio es una institucíon en Alemania!«

Ich habe mich einmal mit Pizarro in Bremen getroffen, er war zum dritten Mal zurückgekommen und es war der 31.

Spieltag der Fußballbundesliga, Bremen spielte im Weser-stadion gegen Hertha BSC. Mittlerweile sah man sich hier nach einer wundersamen Rückrunde schon auf einem Euro-League-Platz. Pizarro war aufgrund von Rückenproblemen nicht im Kader und wir trafen uns in der Spieler-Lounge, die auch hier so ist wie überall: Spieler, Spielerfrauen, viel Schmuck, viel blond, eine entrückte, schöne Welt, die sich un-glaublich ernst nimmt. Mittendrin Claudio Pizarro, lachend, unprätentiös, fast kindlich. Ob er sich noch an sein allerers-tes Tor vor 21 Jahren für Deportivo Pesquero in Peru erinnern könne? Das Tor gegen Atlético Torino?

»Das werde ich nie vergessen, obwohl es eigentlich gar kein richtiges Tor war. Der Verteidiger hatte den Ball, wollte schie-ßen, der Ball prallte von meinem Knie ab und ging dann ins Tor. Es war ein Traum.«

Solche Pizarro-Tore sind ja nicht untypisch. Vor einem Jahr in Leverkusen, wo Pizarro besonders gerne trifft, erzielte er wieder ein entscheidendes Tor mit dem Knie. Kann man das lernen, immer da zu stehen, wo der Ball gerade hinfällt?

»Ich glaube, nicht«, sagt Pizarro. »Das ist Vorsehung.«

Schönes Wort. Pizarro nennt es Vorsehung. Er sieht das Tor schon vorher, Pizarro antizipiert es (vielleicht wie Messi), aber bei Pizarro bekommt das etwas Heiliges, es ist die Vorsehung.

»Schaust du dir eigene Tore danach an?«

»Ja, klar. Die Journalisten spielen mir das vor. Oder die Kin-der.«

»Wenn du dich an deine Tore erinnerst, siehst du sie dann aus deiner Perspektive oder siehst du das, was wir im Fernse-hen gesehen haben?«

»Das vermischt sich. Ich sehe sie mit der Kamera danach, aber das Gefühl für dieses Tor bleibt immer.«

Eines der letzten »Golazo de Pizarrrrrrrrrro« habe ich im Februar 2019 im Olympiastadion gegen Hertha BSC gesehen, es war der 1:1-Ausgleichstreffer. Pizarro war da 40 Jahre alt und schoss seit nunmehr 21 Kalenderjahren Tore – das ist eigentlich nur mit der Amtszeit der Queen vergleichbar.

Beim Stöbern in den Pizarro-Videos fiel mir eine Szene auf, in der er eingewechselt wurde und den Schiedsrichter begrüßte, auf dessen Gesicht plötzlich ein Lächeln lag. Es war, als käme ein alter Bekannter zu Besuch und der Schiedsrichter erinnerte sich an die gute alte Zeit, als man auf dem Platz noch lachen durfte.

Ja, Pizarro kam aus dieser anderen Zeit, in der noch nicht lauter Einzelunternehmer auf dem Platz standen, die von Spielerberatern vereinnahmt wurden und neben dem Training permanent an ihrer Social-Media-Performance arbeiteten. Wenn ich an das Lachen von Pizarro beim Abschiedsspiel denke, dann frage ich mich wirklich, was in der Zwischenzeit mit dem Fußball geschehen ist.

Und immer, wenn ich heute Werderspiele sehe, wünsche ich mir, dass plötzlich wieder Pizarro am Spielfeldrand steht, um ins Spiel zu kommen. Lachend. Spaß habend. Und uns an das Eigentliche des Fußballs erinnert.

3 Vom Seelenleben der Stürmer

Die Wahrheit über Polter

Als ich vor vielen Jahren Stürmer wurde, wusste ich noch nicht, für welche existenzielle Lebensform ich mich entschieden hatte. Ich war jung und kannte Gerd Müller, Wolfgang Overath, Manni Burgsmüller, Horst Hrubesch oder Karl-Heinz Rummenigge, aber ich hatte keine Ahnung, was in ihnen vorging, was diese Stürmer im Innersten zusammenhielt.

Ich bewunderte an Müller seine Beweglichkeit, an Overath die Technik, an Burgsmüller den Spielwitz und an Rummenigge die Dribblings, mit denen man heute vermutlich nicht mal mehr an einem Verteidiger von Tennis Borussia Berlin vorbeikäme. Hrubesch machte mir Mut. Dass man, quasi ohne Fußball spielen zu können, mit nur einer einzigen Fähigkeit, nämlich ein Kopfballungeheuer zu sein, sogar Nationalstürmer werden konnte! Ich spielte mich durch sämtliche Kreisligen und Bezirksligen bis zur Verbandsliga in einer hochverdünnten Mischung aus Burgsmüller und Müller und galt, das darf ich heute mit Stolz sagen, als niedersächsisches Stürmertalent, als »Bomber von Worphausen«, später Worpswede inklusive Probetraining bei Preußen Münster, 2. Liga, bis ich nach einem Trainerwechsel plötzlich auf der Bank saß, im Pokal gegen Osterholz-Scharmbeck. Ich würde nicht genug nach hinten arbeiten, sagte der Trainer und zerstörte meinen Traum. Ein Bomber arbeite nicht nach hinten, entgegnete ich, aber Widerspruch gab es in Dorfvereinen nicht. (Dabei hatte er ja recht!)

Als ich wieder eine Chance bekam, beim Auswärtsspiel gegen den FC Wilhelmshaven, arbeitete ich wie ein Irrer nach hinten, bis mich der Vorstopper, den gab es damals noch, anranzte, was ich denn auf seiner Position machte. Und der Trainer setzte mich wieder auf die Bank mit der Begründung, ich hätte kein Tor geschossen, schlimmer noch: Ich hätte in der einen Situation vor dem Tor querlegen müssen, und dass wir keinen Punkt aus Wilhelmshaven mitgenommen hatten, sei einzig und allein meine Schuld.

Seltsamerweise musste ich an meine Zeit als Jugendstürmer denken, als ich den Stürmer Sebastian Polter bei einem Heimspiel vom FC Union beobachtete.

Zuerst fand ich ihn gar nicht auf dem Platz, ich entdeckte ihn dann an der Außenlinie, tief in der eigenen Hälfte. Er verteidigte, es sah bemüht aus. Polter: ein Baum ohne Blätter. Typ Carsten Jancker, Neunzigerjahre. So eine Art Wandstürmer, ganz anders als ich, der immer hart an der Abseitslinie tänzelte wie später Filippo Inzaghi. Als Polter in der 5. Spielminute, gut eingesetzt von Felix Kroos, dem Bruder des berühmteren Toni Kroos, auf den gegnerischen Schlussmann zulief, seinen Sturmlauf vom Innenverteidiger leicht abgedrängt nach rechts verlagerte, sprang ich auf. Links von ihm lief Kenny Prince Redondo mit, Polter hätte querlegen müssen, wie ich damals in Wilhelmshaven hätte querlegen müssen, doch Polter schoss. Der Torwart war nicht sonderlich überrascht, den Winkel hatte er gut verkürzt, die Chance war vergeben, und für mich war sofort klar: Dieser Polter hatte bestimmt einen ähnlichen Dorftrainer gehabt und er stand unter Druck, so wie ich damals in Wilhelmshaven. Ein Stürmer, der nicht unter Druck steht, spielt in so einer Situation ab. Oder er ist blind.

Man möchte von der Tribüne steigen, zu dem Stürmer laufen und sagen: »Junge, ich weiß genau, was in dir vorgeht! Du hast bestimmt auch seit 4 × 90 Minuten, macht 360 Minuten, nicht mehr getroffen! Oder du denkst wahrscheinlich, dass du nur noch spielst, weil die anderen Stürmer noch nicht fit sind, und darum wolltest du eben unbedingt treffen, dabei hättest du, wie ich in Wilhelmshaven, querlegen müssen, guck dir das bloß nicht in der Wiederholung an! Denk einfach an Miroslav Klose, den Weltmeister, der spielte mal 990 Minuten ohne Tor, Thomas Müller noch länger, sogar Lewandowski, der Universalstürmer, kennt das, wir alle kennen das! Weißt du, die Seele eines Stürmers kann sich schneller verdunkeln als der Himmel bei einem Gewitter. Und die Dunkelheit und diese schrecklich finstere Torlosigkeit, sie ist ein schleichendes Gift für uns, komm in meine Arme, Polter, ich glaub an dich.«

Man kann Torinstinkt haben und ein Antizipationsstürmer sein. Man kann ein flankenabnehmender, kopfballstarker Stoßstürmer sein wie Polter. Man kann eine hängende Spitze oder eine falsche Neun aus der Tiefe sein wie Mario Götze, falls den noch jemand kennt. Man kann aber auch eine klassische Neun sein, ein Außenstürmer, ein Halbstürmer, ein Verbindungsstürmer, ein Mittelstürmer oder ein Zentralstürmer; man kann Pizarro, Torres, Messi, Aubameyang, Robben, Rooney, auch, ja, Ronaldo heißen – wenn man aber verdammt noch mal nicht das tausendprozentige Vertrauen und den Glauben des Trainers und der Mannschaft spürt, dann hilft alles nichts, dann vergesst es, lasst es, ja, so geht man nicht mit Stürmern um, man setzt sie nicht im Pokal gegen Osterholz-Scharmbeck einfach auf die Bank! Fragt Mario Gómez, der bei Bayern und Wolfsburg auf der Bank schmorte und dann aufblühte, kaum da man ihn wieder liebte, und danach traf er und traf. Weil man ihn und seine Seele umarmte. Natürlich soll man alle im Team umarmen, aber den Stürmer immer ein bisschen länger, denn die Tiefen zwischen einem Torerfolg und der schrecklichen Torkrise, der vergebenen Chance – sie verdunkeln die Seele des Stürmers, wie sie vielleicht nur noch die Seele des Torwarts verdunkeln können. Torhüter und Stürmer sind die entscheidenden Figuren des Künstlerdramas im Fußball.

Im nächsten Heimspiel flog Polter dann vom Platz. Er foulte den Sechser vom SV Sandhausen rüde. Es war ein ungeschicktes, unstürmerisches, ja, ein fehlgeleitetes Foul. Daran ist meines Erachtens natürlich sein und mein Dorftrainer schuld.

4 Rahn, Müller, Brehme

Oder der Fluch berühmter Tore

Für Mario Götze (als Versuch, den Fluch abzuwenden)

Als der Ball nach der WM 2014 wieder in der Bundesliga zu rollen begann und ich Mario Götzes Auswechslung im Spiel gegen den VfL Wolfsburg sah, musste ich erst an Andy Brehme und dann an Rainer Maria Rilke denken. In allen Vorberichten zum WM-Finale war Brehme zu sehen gewesen, sein Elfmetertor, damals im Endspiel 1990 in Rom gegen Argentinien. Völler fiel, Brehme verwandelte, Maradona weinte.

Ich erinnerte mich an Bilder von Gerd Müller, die 1990 in den Medien kursierten, gleich nach dem WM-Sieg in Rom und Brehmes Tor. Uli Hoeneß überzeugte Müller, dass er alkoholkrank sei, und überredete ihn zu einer Entziehungskur, 16 Jahre zuvor hatte Müller noch mit einem unvergleichlichen Schuss aus der Drehung zum 2:1 im WM-Finale gegen die Niederlande getroffen, ich war damals ein Kind und habe es gesehen, herrliches Tor. Danach übte ich ebenfalls auf dem Bolzplatz Schüsse aus der Drehung.

An Müller denkend, fiel mir Helmut Rahn ein, der Erste im Bunde der legendären deutschen Finaltorschützen, Bern 1954. Ich war damals zwar noch nicht geboren, kannte aber natürlich Rahns Tor und jenen Kommentar des Reporters Herbert Zimmermann: »Aus dem Hintergrund müsste Rahn schießen – Rahn schießt – Tooooor! Tooooor! Tooooor!« Als Kind kommentierte ich meine eigenen Strafraumszenen und Müllerschüsse aus der Drehung immer mit Zimmermanns Sätzen.

Neulich erzählte mir Rudi Gutendorf, die Trainerlegende, dass er Rahn 1960 aus der *Friesenstube* in Essen geholt habe, wo er zum Trinker geworden sei. Gutendorf schenkte dem Helden ein Pferd, weil dieser Pferde liebte, und holte ihn zu Rot-Weiß Essen.

Vor einigen Jahren hatte ich eine Premiere in Los Angeles, danach wurde mir ein Mitglied des Fördervereins des Theaters, in dem mein Stück aufgeführt wurde, vorgestellt. Der Mann hieß Edwin »Buzz« Aldrin, der zweite Mann auf dem Mond nach Neil Armstrong. Mondlandung, 20. Juli 1969! Ich starrte Aldrin an. Wie oft hatte ich als Kind den Mond angestarrt! Mir vorgestellt, wie es da aussah. Irgendwann fragte ich dann, was ich fragen musste: »Mr. Aldrin, how was it on the moon?« Mr. Aldrin drehte sich sofort um und ging weg, ich meinte, Bitterkeit in seinem Gesicht zu erkennen.

Kürzlich las ich ein Interview mit dem schlecht gelaunten Jürgen Sparwasser unter der Überschrift *Der Fluch des Tores.* Sparwasser hatte in der Begegnung Deutschland – DDR bei der WM 1974 den Siegtreffer für die DDR erzielt. Es war das einzige Spiel, das es jemals zwischen den beiden deutschen Staaten gab, also war das fast wie ein Tor auf dem Mond. Sparwasser wurde zum Helden, 14 Jahre nach dem Tor flüchtete er aus der DDR.

Ein Held zu sein in einem Land, aus dem man geflüchtet ist; Rahn und Müller mit ihren Jahrhunderttoren in der Essener *Friesenstube* und im Alkoholentzug. Es hätte mich nicht gewundert, wenn Brehme plötzlich Rilke zitiert hätte, *Duineser Elegien: Denn das Schöne ist nichts als des Schrecklichen Anfang.*

Marilyn Monroe wusste es, Marlene Dietrich wusste es, Müller und Brehme oder Boris Becker oder der Mann vom Mond wissen es vielleicht auch – die schönen alten Bilder sind am Ende schrecklich und die alten großen Tore sind es auch. Und eben genau daran musste ich bei Götzes Auswechslung gegen Wolfsburg denken.

III Der Fußball und die Deutschen

1 Rede an die Nation im Geiste von Hölderlin und Toni Kroos!

3. Juni 2022

Seit Tagen geht mir dieser Satz von Toni Kroos durch den Kopf. »Du stellst erst drei negative Fragen, da weiß man gleich, dass du aus Deutschland kommst.«

Der Satz kam aus dem Off, nachdem Kroos ein Interview nach dem Finale der Champions League abgebrochen hatte, weil der ZDF-Reporter angedeutet hatte, dass der Spielverlauf gar nicht auf einen Sieg Real Madrids hingedeutet habe und Kroos' Mannschaft ja sehr in Bedrängnis geraten sei.

Natürlich ist es nicht die feine Art, Reporter, die nur ihre Arbeit tun, einfach stehen zu lassen, aber über diesen Satz kann man schon nachdenken.

Kroos wollte sich freuen, seine ganze Familie war im Stadion, er hatte gerade zum fünften Mal die Champions League gewonnen, was noch keinem deutschen Spieler zuvor gelungen war, aber der Reporter gab ihm als Erstes zu verstehen, dass seiner Meinung nach die falsche Mannschaft gewonnen habe. Kroos fühlte Glück, aber nun war er im deutschen Fernsehen.

Ich kenne dieses Gefühl, so ausgebremst zu werden. Wenn ich aus dem Ausland zurück nach Deutschland komme, fängt es eigentlich schon am Flughafen an. Ich kam zum Beispiel in München an, mit einem angebrochenen Finger (Fußball!), ich wollte weiterfliegen nach Berlin. In Abu Dhabi war ich noch problemlos mit der Stützschiene am Finger und einem »Get well soon« durch den Sicherheitscheck gekommen, in München musste ich sie abnehmen.

»Gürtel ab! Computer wird auf Sprengstoff untersucht!«

»Okay, kann ich die Stützschiene vielleicht doch anbehalten?«, fragte ich. »Tut weh ohne.«

»Nein, Schiene in ein Extrabehältnis!«

Da weißt du schon, dass du in Deutschland bist, dachte ich.

Rudi Völler hat das als Bundestrainer einmal nach einem 0:0 gegen Island analysiert, live in der ARD, lange her. Es war so eine Art Ruckrede an die Nation und an den Sportreporter Waldemar Hartmann: »Der Scheiß, der da immer gelabert wird ... Die Geschichte mit dem Tiefpunkt, und noch mal ein Tiefpunkt und noch ein niedrigerer Tiefpunkt ... Es gibt bei uns in Deutschland eine Steilkurve nach unten, diese Häme, diese Kritik ... Da sollten sich wirklich alle mal Gedanken machen, ob wir in Zukunft so weitermachen können ... Alles in den Dreck ziehen ... Ich halt das nicht mehr aus ... Und du, Waldemar, sitzt hier locker auf deinem Stuhl, hast drei Weizenbier getrunken ...«

Schon Friedrich Hölderlin hat das erkannt (Hölderlin und Völler!). Das Leben in Deutschland nicht mehr ertragend, schrieb Hölderlins Hyperion aus Griechenland einem deutschen Freund: *Ich sage dir: Es ist nichts Heiliges, was nicht entheiligt, nicht zum ärmlichen Behelf herabgewürdigt ist bei diesem Volk (...) Handwerker, siehst du, aber keine Menschen, Denker, aber keine Menschen, Herrn und Knechte und gesetzte Leute, aber keine Menschen – ist das nicht, wie ein Schlachtfeld, wo Hände und Arme und alle Glieder zerstückelt untereinander liegen, indessen das vergoßne Lebensblut im Sande zerrinnt?*

Wenn ich nach Deutschland zurückkehre, frage ich mich oft, ob es nicht ein schöneres und produktiveres Land wäre, wenn wir uns immer zuerst etwas Positives sagten, bevor wir dann kritische Anmerkungen machten oder uns, wie bei Hölderlin, zerstückelten oder herabwürdigten. Ein »Get well soon« hätte zum Beispiel meinem Lebensblut gutgetan, nachdem ich die Stützschiene aus dem Extrabehältnis genommen und wieder mühsam am schmerzenden Finger angebracht hatte.

Wobei ich Hölderlin, Rudi Völler und auch Toni Kroos unbedingt den Wert unserer Ambivalenz entgegenhalten möchte. Im Ausland genießen wir oft die Leichtigkeit und Gedankenlosigkeit der anderen, sehnen uns aber auch nach der Schwere, der Tiefe, nach dem Zweifeln zu Hause. Wir bewegen uns mit großer Lust an der Improvisation durch Rom, Barcelona oder Istanbul, wünschen uns aber auch die Ampelschaltungen, die ordentlichen Bürgersteige und vor Zebrastreifen haltenden Autofahrer herbei. Wir laufen mit einem »Hi & Hello« durch New York oder Miami, freuen uns aber auch auf das Schweigen und die Ruhe in Greifswald oder in Lauffen am Neckar, die Orte, aus denen Kroos und Hölderlin stammen.

Aber auch über diese Ambivalenz hat ja Hölderlin etwas gesagt, als er sich mit seiner Figur Hyperion nach Griechenland fantasierte: *Ich kann kein Volk mir denken, das zerrißner wäre, wie die Deutschen.*

2 Das Zärtliche soll nicht ins Grobe!

Über meine Angst vor großen Turnieren

»Wo ist Reus?!«
»Verletzt, du Arsch!«

Mai 2014

Die schönste Zeit der WM ist vor der WM. Im Februar, März, wenn die Bundesliga aus der Winterpause zurückgekehrt ist; wenn die Champions League in die Finalrunden geht; wenn der Bundestrainer auf den Tribünen der Stadien sitzt und die Spieler beobachtet, und wir, die Liebenden, sie ebenfalls beobachten: Spielt Schweinsteiger wirklich beschwerdefrei? Kann Özil seine Form der Hinrunde halten? Wie läuft Khediras Reha? Kommt Hummels nach seiner Blessur im Fußwurzelgelenk wieder rechtzeitig auf den alten Leistungsstand? Und Reus nach seinem Muskelfaserriss?

Die Zeit vor der WM ist die sensibelste Zeit der WM, die zarteste. Wir Liebenden schauen nachdenklich auf Formkurven und Fußwurzelgelenke und beschwören heimlich den Bundestrainer: Nimm auch Gómez mit! Versuche nicht, in Brasilien den Guardiola zu geben, bei der hohen Luftfeuchtigkeit werden das keine laufintensiven Spiele werden, also nimm noch einen Stoßstürmer mit, löse dich von der Mode der falschen Neun, überbrücke schnell das Mittelfeld, spiel auch mal hohe Bälle, lass Kroos bloß nicht wieder, wenn's drauf ankommt, auf der 6 spielen, der reißt zu große Lücken!

Im Mai fiebern wir Liebenden dann der ersten Nominierung des WM-Kaders entgegen. Ich sitze auf der Europäischen Schriftstellerkonferenz, öffne heimlich den Browser auf meinem Handy und scrolle unterm Tisch aufgeregt den Kader durch: Gómez ist nicht dabei! Aber Kevin Volland und Klose!? Ich hatte die ganze Zeit keine Ahnung, wie ich mich auf der Schriftstellerkonferenz substanziell einbringen könnte, doch nun würde ich am liebsten aufstehen und »Nur Volland und Klose!« verkünden und »Gómez!« fordern.

Der Mai ist für uns Liebende der Monat der Verdichtung, wir meinen schon zu ahnen, worauf es hinausläuft. Täglich lesen wir nun die Berichte aus dem Trainingslager in St. Martin, registrieren neue Verletzungen, googeln die Heilungserwartung von Kapselrissen in Sprunggelenken und Schultern (Lahm und Neuer!); beobachten gespannt, wie ausgerechnet Jogi Löw, dem kurz zuvor der Führerschein abgenommen wurde, die Sache mit Großkreutz klärt, der nach dem Pokalfinale im Hotel gegen eine Säule pinkelte, und wir freuen uns mit Mertesacker, der Vater wurde, denn das müsste ihn doch beflügeln. Und dennoch haben wir schon eine klare Prognose für die WM: Die ganzen Verletzungen, das Klima, die zu späte Anreise, die mangelnde Varianz im Kader des Bundestrainers – oh, oh, das wird schwer … Und wir kennen ja auch die Favoriten: Spanien, immer wieder Spanien, Brasilien, Argentinien trotz des kränkelnden Messi, die starken Niederländer mit Robben, die Belgier.

Drei Wochen vor der WM haben wir Liebenden die WM schon durchgespielt, konzentriert, unter uns, in Fachgesprächen, doch Anfang Juni wird diese Konzentriertheit, dieser intime Raum, mit voller Lautstärke zerstört.

Überall hängen jetzt Autos, Imbissbuden, Bars, Baumärkte, Tankstellen, Supermärkte und Apotheken voller Bälle und Fahnen, keine Flatrate, Waschmaschine oder Vollkaskoversicherung ist in diesen Tagen ohne WM-Tralala zu haben und sogar beim Urologen geht es nicht mehr ohne Fähnchen und Banderolen, mein Bioladen hat sogar kleine Tofu-Bälle! Dazu die absurdesten Tippgemeinschaften, dieses schreckliche Getippe, dieser Tippwahn, die ganzen Wurfsendungen, die den Postkasten verstopfen, mit Werbungen für den WM-Grill und das WM-Barbecue, mit WM-Rabatten, dazu die Sonderbeilagen in den Zeitungen, die Sondersendungen, die Talkshows (Lanz, Lanz!!); diese Übertreibungen, diese Vergrößerungen, ja, es ist, als hätte man die Geliebte plötzlich mit Silikon aufgespritzt und allen zur Verfügung gestellt. Und dann sitzt plötzlich jemand auf deinem WM-Stuhl und schreit: »Wo ist Reus?!«, und du schreist: »Verletzt, du Arsch!« Ja, so empfindlich ist man schon geworden, schlimm.

In Berlin wird die Straße des 17. Juni abgesperrt, um das vorzubereiten, was für den Liebenden das absolut Fürchterlichste ist: das Public Viewing! Wenn das Public Viewing kommt, können die Liebenden auswandern. Plötzlich wird unsere Liebe von Menschen vereinnahmt, die sich alle zwei oder vier Jahre in Deutschland-Trikots zwängen und vor riesige Leinwände setzen, um ihre unwissenden, unsensiblen Kommentare herauszuposaunen oder, noch schlimmer, um uns schamlos die Sicht zu versperren.

Ich erinnere mich an eine Szene bei der letzten EM, in der ein deutsch-türkischer Freund beim Spiel gegen Italien von

Public Viewern mit einer Deutschlandfahne eingewickelt wurde, so als ob er einer fiesen Spinne ins Netz gegangen wäre. Völlig verängstigt saß er zwischen den Eventnationalen und verlor kein Wort mehr über den großartigen Balotelli.

Ja, die Eventnationalen, so könnte man sie nennen. Bei einem anderen Public Viewing in Berlin, wo ich auf einem Podium vor dem Spiel etwas gesagt hatte, stieß mich in der Halbzeit ein von oben bis unten schwarz-rot-gold eingeölter Eventnationaler auf der gemieteten Eventtoilette fast ins Pissbecken (Public Peeing?!).

Ich sagte, ganz in Zivil: »Hallo? Pass doch auf!«, und er warf mir einen Chinaböller vor die Füße, danach gab es einen widerlichen Knall.

»Warum machst du das?«, fragte ich, er schrie: »SCHLAND«, was, glaube ich, »Deutschland« heißen sollte, und lief wieder zur Leinwand zurück.

Dieser Knall auf der Eventtoilette mit einer Lautstärke von bestimmt 120 Dezibel, bei dem jedes deutsche Kaninchen tot umgefallen wäre, dieser Krach, dieser SCHLANDKRACH, ist für mich Public Viewing.

Natürlich freue ich mich, wenn die Deutschen ein gutes Spiel machen, ich freue mich gerade für die Generation Schweinsteiger-Lahm-Mertesacker & Co, wenn sie in Brasilien etwas erreichen können, aber diesen Schlandkrach, den halte ich nicht aus. Theoretisch finde ich Fahnenwinken, ja, sogar Patriotismus schön, aber beim Public Viewing?? – das kommt mir vor, als säße ich im Bordell vor so einem komischen aufgeblasenen Busen und müsste jetzt hau ruck, nein, lieber nicht, ich schaue lieber zu Hause die Spiele.

Aus dem Zärtlichen wird etwas Grobes. Eigentlich müsste man sagen: Das Zärtliche soll nichts ins Grobe!

Das Public Viewing mit seinem aufgeblasenen Patriotismus kann mir sogar die eigene Anteilnahme am Schicksal der deutschen Mannschaft versauen; ja, es macht mich zum Gegner der eigenen Mannen. Plötzlich will ich, dass sie scheitern; dass sie schon in der Gruppenphase rausfliegen, von Ghana gedemütigt, nur damit endlich wieder Ruhe ist, was für eine absurde, traurige Verkehrung! Die ganze monatelange Zärtlichkeit für Fußwurzelgelenke und Formkurven, die ganze Liebe für den Kader – wie weggeblasen angesichts all dieser Menschen, die alle zwei oder vier Jahre vorgeben, unser Spiel zu lieben, aber sie lieben es nicht, sie wollen nur das Drumherum, die billigen, aufgespritzten Reize.

●

In friedlicheren Zeiten ohne WMs oder EMs sitze ich oft im *Opera Italiana,* bei meinem Italiener, und schaue mit Pino, dem Wirt, die Champions League, die Bundesliga, Spiele der Serie A, natürlich auch Primera División und die englische Premier League, zuletzt die Relegationsspiele. An den Nebentischen sitzen die Gäste, die Nichtinteressierten. Sie essen nur, führen ihre Gespräche und würdigen uns keines Blickes. Es sind glückliche, lebensglückliche Stunden bei Pino.

Fußball ist keine Unterhaltung, Fußball ist eine Lebensform, ja, eine Religion, ich kenne keine bessere, nebenbei gesagt. Wenn mich jemand fragt, wann ich eingeschult wurde, dann fällt mir Gerd Müllers 2:1 im Finale 1974 gegen Holland ein, Schuss aus der Drehung. Für den Abiturjahrgang zugelassen wurde ich, als Toni Schumacher die Flanke im Finale 1986 in Mexiko unterlief. Jedes große Turnier ist ein Orientierungspunkt, im Leben eines Liebenden gibt es davon vielleicht

17 bis 20, je nachdem – und sie sind viel einprägsamer als die Meilensteine gewöhnlicher Liebesaffären.

Während der WM habe ich Angst, ins *Opera Italiana* zu gehen. Bei der letzten EM war mein Platz neben Pino plötzlich okkupiert, Pino selbst hatte auch keinen Platz mehr und lief hektisch durch sein Ristorante. Kaum ist die WM da, nimmt man uns nicht nur den Stuhl weg, sondern die ganze WM.

Kürzlich war ich bei *Sky* zur Champions-League-Sendung nach Ismaning eingeladen, Gruppenphase, meine Gesprächspartner waren Reiner Calmund und Franz Beckenbauer. Den Kaiser hatte ich nur einmal flüchtig getroffen, ich war wirklich aufgeregt. Die Spiele ZSKA Moskau – Bayern München sowie Bayer Leverkusen – Manchester United schauten wir nicht im Studio, sondern im Aufenthaltsraum.

Calmund sagte immer mal was, das liegt in seiner Natur. Beckenbauer blickte ihn dann meist etwas unwillig an, dann wandten wir uns beide wieder in schönster Stille dem schneebedeckten Spielfeld in Moskau zu.

Wochen später sah ich ein Foto von Beckenbauer und mir auf dem Sofa, die *Sky*-Assistentin Zerrin hatte es heimlich gemacht. Beckenbauer hatte, offenbar unbewusst, den Arm um mich gelegt und dort eine Halbzeit lang liegen gelassen. 45 Minuten saßen wir schweigend so da, Calmund war draußen und telefonierte lange. Ab und an sagte Beckenbauer »Gut« oder »Ach« und »Hm«. Mehr nicht, es war herrlich.

An dieses stille, schöne Schauen mit Beckenbauer werde ich denken, wenn jetzt die WM so dumpf und lärmend über uns Liebende hinwegrollt.

3 Wie wir Spiele im Fernsehen schauen

Betrachtungen während der Übertragung eines deutschen EM-Gruppenspiels im türkischen Fernsehen

Istanbul, Juni 2016

Das Spiel der deutschen Mannschaft gegen Polen bei der EM in Frankreich habe ich in Istanbul gesehen. Vor allem gefiel es dem türkischen Kommentator von TRT1, die Namen der deutschen Spieler auszusprechen. Absolute Favoriten: »Maaats Huuuuumels« und »Sviiiiiinstiiker«, dessen Einwechslung mehrmals gefordert wurde. Die Analyse danach habe ich auch verfolgt, die bei einem 0:0 sehr knapp ausfällt. Es werden eigentlich nur türkische Tore analysiert, manchmal auch Fouls, darüber können sie Stunden reden, aber ganz bestimmt nicht über das Manko des deutschen Spiels im letzten Drittel oder »die mangelnde Zufuhr durch die Außenverteidiger« (Jogi Löw), so etwas interessierte im türkischen Fernsehen niemanden.

Die Analyse dauerte eine Minute, dann kam eine türkische TV-Show über einen Sultan, seine Kriege und seinen Harem (nicht der aktuelle türkische Sultan, sondern einer aus dem Osmanischen Reich).

Es hatte auch keine Vorberichte zum Spiel gegeben. Keine Einspieler vom Abschlusstraining, nicht mal Aufnahmen vom Warmmachen, nur der Anpfiff, dann die 90 Minuten, die eine Minute Analyse, dann der Sultan.

Ich habe das Spiel kaum ausgehalten. Es ist absurd, aber im türkischen Fernsehen fiel mir plötzlich auf, was mir alles fehlte, um für ein Spiel in Stimmung zu kommen. Erst mal brauche ich Gerhard Delling! Gerhard Delling, der frisch und live vor dem geparkten Mannschaftsbus steht und feierlich berichtet, wann die Spieler ihn voraussichtlich besteigen werden. Gerhard Delling, der enthusiastisch und live vom Einstieg der Spieler in den Mannschaftsbus berichtet. Spektakuläre Helikopteraufnahmen des Mannschaftsbusses auf seiner Fahrt zum Stadion. Eintreffen des Mannschaftsbusses in den Katakomben des Stadions. Ausstieg der Spieler. Khedira mit Kopfhörer. Boateng mit Kopfhörer. Götze mit Kopfhörer. Gómez mit Kopfhörer. Oliver Kahns Voranalysen des kommenden Spiels. Der Countdown. Interviews mit weiteren Experten. Die Aufstellung. Interviews mit noch mehr Experten. Das Warmmachen. Noch mal Gerhard Delling live vom Rasen. Das Auflaufen der Mannschaften. Die Hymnen. Und dann, ja, dann: der (unvermeidliche) Anstoß.

Wenn ich zu Hause Länderspiele der Deutschen schaue, stehe ich meist fünf Minuten nach Anpfiff auf und schmiere mir ein Brot. Schaue wieder ein bisschen. Laufe auf die Toilette. Schaue wieder ein bisschen. Hänge im Nebenzimmer die Wäsche auf. Bügele. Denke dabei an den Mannschaftsbus, der immer so majestätisch dahingleitet. Schaue wieder ein bisschen. Rufe meine Mutter an, die keine Ahnung hat, und sage ihr feierlich wie Gerhard Delling, dass gerade Deutschland spiele und erkläre ihr wieder, wer Gerhard Delling sei und dass der bald in Rente gehe. Dann gehe ich Pizza holen. Noch zum Briefkasten. Freue mich schon auf die stundenlangen Analysen, kein doofer Sultan, nein, Mehmet Scholl mit dem Opdenhövel, Opdenhövel, was will man mehr! (Vielleicht müsste man irgendwann auch einmal deutlich sagen, dass die meisten Länderspiele der Deutschen in Wahrheit total langweilig sind, denn warum sollte ich ausgerechnet dann, wenn sie angefangen haben, Wäsche aufhängen, bügeln oder meine Mutter anrufen?)

In Istanbul aber habe ich das Spiel gegen Polen GANZE 90 Minuten im türkischen Fernsehen tapfer durchgeglotzt, ohne Zubehör, ohne Gerhard Delling, ohne deutschen Mannschaftsbus, ohne Countdown, Warmmachen und Interviews, dazu torlos (sogar fast ohne Torchancen), stockend im Halbfeld, nur ab und an von »Maaats Huuuuumels«- und »Sviiiii-instiiker«-Rufen (Schweinsteiger?) begleitet; ohne jenes Davor und Danach war es kaum auszuhalten.

Und was heißt das jetzt? Nehme ich, nehmen wir mit unserem aufgeblähten Fußball-TV so eine Art mediale Pille, um uns für EM-Vorrunden-Spiele zu stimulieren? Geht es nicht mehr ohne? Müssen wir also das Ding so hochjazzen, aufbauschen und in die Länge ziehen, damit wir überhaupt noch Spaß an den Spielen haben?

Zum Sportlichen. Im nächsten Spiel der Deutschen bitte anders. Schon schlimm, wenn Autoren glauben, die Mannschaft aufstellen zu müssen, aber ich mache das jetzt einfach. Also, hier die Aufstellung, ich würde sie sogar singen.

Gómez – Müller
Götze
Schürrle – Kroos – Özil – Sané
Boateng – Hummels – Kimmich
Neuer

PS: Mehr Risiko! Mehr Zufuhr! Mehr Luft! Mehr Sonne! Und einen Harem voller Stürmer! :)

4 Der stumme Schrei

Wie kann man nur ein Halbfinale mit Hipstern schauen?!

Berlin, Juli 2016,
EM-Halbfinale Frankreich – Deutschland

Ein wichtiges Spiel der Deutschen habe ich aus Versehen am Prenzlauer Berg in einer Burgerbar zwischen lauter zugezogenen Hipstern gesehen, da wären mir sogar die Eventnationalen in ihren aus allen Nähten platzenden Götze- oder Müller-Trikots beim Public Viewing lieber gewesen.

Eigentlich hätte ich das bedeutende Halbfinale im Auswärtigen Amt beim Pressefest sehen sollen, aber da schien die Sonne auf die Leinwand, außerdem stand immer Ulrich Deppendorf von der ARD vor mir, der ist größer als Dirk Nowitzki, der Basketballspieler, da hätte ich nie was gesehen, also Prenzlberg, Kollwitzplatz.

Ich habe das Wort Hipster noch nie verwendet, vielleicht weiß ich auch gar nicht genau, was Hipster sind, vor allem nicht, wenn hier mittlerweile alle gleich aussehen, ich war der Einzige mit meiner Tüte, in dem sich ein »Nationalknicklicht« befand, das ich bei Lidl an der Kasse gesehen hatte und das ich eigentlich beim Torjubel dem deutschen Außenminister in die Hand drücken wollte, ich dachte, das wäre mal was Hippes.

Mein Nationalknicklicht bestand aus einer 20 Zentimeter

langen Plastikstange, die man einfach umknickt, um ein nationales Leuchten zu erzeugen, aber dafür brauchte man natürlich einen Grund.

Am Kollwitzplatz saß neben mir ein Mann mit Kai-Diekmann-Bart. Er war etwas kleiner als Ulrich Deppendorf, hielt mir 90 Minuten seine brennenden Zigaretten vors Gesicht und kommentierte das Spiel.

Ich bin ja wirklich ein ausgeglichener Mensch, aber ich kann ständig kommentierende Menschen nicht ausstehen, besonders beim Fusballschauen. Kommentare zu Müller oder Hummels bringen mich geradezu zur Weißglut.

»Gut, dass Gómez nicht spielt, der bewegt sich nämlich nicht.« Damit ging es los. Vorher hatte er noch »Neuer ist der beste Torwart der Welt« gesagt, so als hätte das vor ihm noch nie jemand gesagt, aber der Gómez-Satz hat mir dann den Rest gegeben, bei Sätzen über Stürmer bin ich nämlich empfindlich.

»Von Özil ist wieder nichts zu sehen, Özil muss raus!«, erklärte er als Nächstes im Brustton der Überzeugung, als hätte die Welt inklusive des Bundestrainers nur auf seine Erkenntnis gewartet.

»Was für eine Anmaßung«, murmelte ich vor mich hin, dieses Gequatsche, dieser Populismus, ja, kein Wunder, dass allerorten die Faktenverdreher Triumphe feiern, hier allerdings in kompletter Unkenntnis der Fakten, der Typ hatte keine Ahnung, setzte sich aber genau vor meine Nase mit seinem in Stein gemeißelten Von-Özil-ist-wieder-nichts-zu-sehen-Kommentar – das ist noch schlimmer als Donald Trump oder dieser Boris Johnson mit seinem faktenverdrehenden Brexit-Bus, ja, dieser Kommentar fuhr durch mein Halbfinale wie dieser unverschämte rote Brexit-Bus: »We send the EU £ 350 million a week, vote leave!«, dieses schamlose, dreiste und grobschlächtige Herumkommentieren, all the world is a playing field.

»Hören Sie mal«, hätte ich am liebsten gesagt, »Özil ist der Genius unter den Unauffälligen! Man sieht Özil nur mit dem Herzen gut.«

Der Mann bekam einen Trüffelburger, schob einfach mein Nationalknicklicht zur Seite und aß.

Ich stellte mir vor, wie schön es sein würde, wenn die EM wieder vorbei war; wenn die Fähnchen wieder von den Autos geschraubt wurden und alle selbstgefälligen Trüffelburger-Kommentatoren für zwei Jahre verschwanden. Wenn ich mich alleine, ohne Störung, mit den feinen und zarten Details beschäftigen konnte, dem Wechsel von Henrich Hamleti Mkhitaryan zu Manchester United; von Niklas Moisander von Sampdoria Genua zu Werder Bremen oder von Graziano Pellè zu Felix Magath, der trainierte nun Shandong Luneng Taishan in China.

Der Trüffelkommentator kippte beim zweiten Tor gegen Deutschland seinen Aperol Spritz um, der über irgendeine Guccitasche lief, und sagte: »Schweinsteiger ist wieder schuld!«

Das war der Moment, in dem ich aufstehen wollte, um endlich Widerstand zu leisten. »Hör zu, du Arsch, dem 0:2 ging ein mangelhafter Pass von Höwedes voraus, dem ein technischer Fehler von Kimmich folgte, worauf sich Mustafi von Pogba austanzen ließ und schließlich Neuer mit der falschen Hand faustete! Wie kannst du da einfach nur *Schweinsteiger ist wieder schuld* sagen?!? Und was Gómez betrifft, *der bewegt sich,* leider gerade verletzt, aber er bewegt sich, er bewegt sich! Nimm sofort zurück, dass er sich nicht bewegt!!« Aber ich sagte das alles leider nicht, ich sagte wieder nichts, der Widerstandsmonolog war wieder nur in meinem Kopf, im Geiste, die Zarten wehren sich immer nur im Geiste.

Ich sah noch in der ZDF-Analyse eine Aufnahme von Jogi Löw, der sich mit beiden Händen ins Gesicht fasste, das sich so schmerzhaft verformt hatte wie das Gesicht auf diesem berühmten Bild von Edvard Munch.

Jogi Löw war mir plötzlich so nah wie nie. Das Bild heißt *Der Schrei,* ich denke, man könnte es auch als einen stummen Schrei bezeichnen.

5 Der rote Ball

Und was Alexander Gauland von der AfD nie könnte!

»Die Leute finden ihn als Fußballspieler gut.
Aber sie wollen einen Boateng nicht als Nachbarn haben.«

Alexander Gauland, AfD-Vorsitzender

Juni 2016

Das hätte mein Nachbar nie geschafft! Wie dieser Boateng in einem Schritt aus dem Repertoire des klassischen Balletts das Eigentor verhinderte, fantastique! Oui, oui, das war einer der Höhepunkte in Frankreich beim glücklichen Sieg der Deutschen gegen die Ukraine.

Der zweite war für mich Shkodran Mustafi. Seit der WM in Brasilien als Unsicherheitsfaktor bezeichnet, trotzdem wieder nominiert, in den Qualifikationsspielen nur ein einziges Mal eingesetzt, in den Vorbereitungsspielen gar nicht, und dann dieses Tor, sein erstes. Und danach seine fast stille Freude und schöne Verwunderung.

Ich habe mir vorgestellt, wie der stellvertretende AfD-Vorsitzende Gauland versucht, »Shkodran Mustafi« auszusprechen, »Mustafi« hätte er ja vielleicht noch hingekriegt, aber »Shkodran«? Der Name kommt von Shkodra, einer bekannten albanischen Stadt, die liegt, lieber Herr Gauland, zwischen dem Skutarisee und den Flüssen Kir, Drin und Buna, ist doch interessant, sogar von da kommen Deutsche.

Großartig war natürlich auch Schweinsteiger. Ich hatte Schweinsteiger so lange nicht mehr gesehen und dachte zuerst, Löw wechsele ein Double ein, Schweinsteiger, gespielt von dem grau melierten Charmeur Richard Gere *(Der Schakal, Pretty Woman)*.

Kurz vor Schluss kam es dann zu meinem persönlichen Höhepunkt des Spiels: Plötzlich flog ein knallroter Ballon vor die Kamera und verdeckte für einen Moment das ganze Spielfeld. Nach all den schrecklichen Bildern, die der Fußball und seine Hooligans wieder geliefert hatten; nach diesen Kriegs- und Blutbildern aus Marseille; den Hitlergrüßen der sächsischen Hooligans in Lille; nach der Einblendung des im Stadion sitzenden behinderten Daniel Nivel, der 1998 bei der WM in Frankreich von deutschen Hooligans in ein sechswöchiges Koma geprügelt worden war – nach all diesen wüsten und traurigen Bildern plötzlich also dieser rote Ballon, der sich fast magisch zwischen diese EM und die Kamera schob, so als wollte er sagen, dass wir uns eigentlich wie Kinder freuen müssten über Wochen mit nichts als Fußball, mit diesem Spiel, es war doch nur ein Spiel.

IV Wo die Dreisam das Wasser des Krummbachs aufnimmt

Die gesammelten Werke von Jogi Löw

Sieben Weltmeisterbriefe aus Brasilien an Daniela

Ich wollte bei den großen Turnieren immer ganz nah dran sein am deutschen Team. 2006 bei der WM in Deutschland avancierte ich zum Poolwächter der Nationalmannschaft im Schlosshotel Grunewald, das war der vielleicht beste Nebenjob bei einer WM, den man haben konnte – fast jeden Morgen saß ich mit Oliver Kahn am Pool, manchmal auch mit den Spielerfrauen. Der damalige Bundespräsident lud mich sogar zum WM-Empfang ins Schloss Bellevue ein, wo ich dann aus meinen sogenannten *Poolnovellen* vorlesen sollte, die allerdings von vorne bis hinten erfunden waren. 2014, bei der WM in Brasilien, brauchte ich einen anderen Plan. Poolwächter im Campo Bahia, das hätte mir keiner abgenommen. Also ließ ich den deutschen Bundestrainer Jogi Löw einfach nur Briefe in die Heimat schreiben, aus Brasilien in das Breisgau, an seine Frau Daniela, von der er mittlerweile geschieden ist. Die brasilianischen »Weltmeisterbriefe« zeugen von jenen, so muss man es sagen, letzten Glanzmomenten des deutschen Fußballs.

Erster Brief – Vertraust Du meiner Viererkette?

Viele Spieler sind angeschlagen und es gibt kritische Medienberichte zu Hause. Ein Verteidiger, Kevin Großkreutz, hat kurz

vor der WM in die Lobby eines Berliner Hotels uriniert, ein Rie-
senskandal. Die Fachwelt zweifelt vor dem ersten Gruppenspiel
gegen Portugal nicht nur an der deutschen Defensive, der Vie-
rerkette, sondern auch an den Haaren des Bundestrainers, in
manchen Medien heißt es sogar, er trage ein Toupet. Zudem hat
er kurz vor der Abreise seine Fahrerlaubnis verloren. Nun sitzt
er in seinem Bungalow im Campo Bahia und wartet auf die
Genesung seiner Spieler und Post vom Kraftfahrtbundesamt in
Flensburg.

Liebe Daniela,

blühen die Balkonblumen gut? Häng bloß keine Deutschlandfahne vom Balkon herunter, das macht mir zu viel Druck, ich brauch nicht auch noch Druck vom eigenen Balkon! Daniela, du glaubst nicht, was die alle von mir fordern: DEN TITEL! JOGI, DU MUSST DEN TITEL LIEFERN! Ja, was heißt denn »LIEFERN«?? Man kann Möbel liefern, Pizza, neuerdings sogar Doktortitel, aber den WM-TITEL?!?

Im Trainingslager ging's drunter und drüber. Der Neuer konnte nicht mal den Arm heben. Als Torwart! Mein Gott, Schweinsteiger, wie der mir mit seiner Patellasehne auf den Geist geht! Und die, die nichts mit Patella oder sonst was haben, pinkeln zu Hause gegen Hotelsäulen … Glaubsch nid? Doch! Brunse deheim noch amol ebe gege d Hotelsäule!

War was aus Flensburg in der Post? Ich glaub, ich hab mehr Punkte in Flensburg als Eintracht Braunschweig in der Bundesliga! Bin ich schuld? Nee! Beim DFB sammeln die seelenruhig meine Knöllchen, keiner informiert mich, und schwupps ist der Labbe weg! Typisch

DFB! Heute hat mich Poldi gefragt: »Trainer, guckst du nicht auf den Tacho oder rutscht dir, wenn du Gas gibst, die Perücke ins Gesicht?« Immer wieder heißt es in den Medien, ich würde ein Toupet tragen, und Poldi, der Depp, glaubt das auch noch! Nicht, dass mir *Nivea for Men* den Werbevertrag kündigt wegen Flensburg!

Moment, ich mach mir mal eben einen Caipi, die haben mir hier alles hingestellt. 1–2 Limetten, Daniela, dazu 6 Esslöffel Zuckerrohrschnaps, genannt »Cachaça«, 2–3 Löffel Zucker ... Verstehsch?

Campo Bahia ist der Wahnsinn. Drumherum Wildnis, und hier drin machen sie Rasen-Drainage mit Niederschlagswasserabsauger unter dem Trainingsplatz! Vorhin habe ich ein Kriegsschiff gesehen, die bewachen uns mit Hubschraubern, Militärpolizei und Spürhunden, dabei sind wir nur ein paar Deutsche in Flipflops, die den ganzen Tag Darts oder Schafskopf spielen und drum herum Kriegsschiffe, Marine und Scharfschützen. Dimensionen hat das alles angenommen!

Du, vielleicht hätten wir wie die Holländer auch nach Rio, nach Ipanema gehen sollen! Die Holländer haben gegen Spanien Samba getanzt, der Wahnsinn, beim 5:1 ist mir der Caipi aus der Hand gefallen!

Nun gegen Portugal, erstes Gruppenspiel, Daniela! Vertraust du meiner Viererkette?? Wir haben in unserer Ehe immer wenig über meinen Beruf gesprochen, aber schicke mir bitte bis Montag 18 Uhr eine SMS, ob du meiner Viererkette vertraust! Oder soll ich doch Durm bringen? Vor ein paar Wochen wusste ich noch nicht mal, wer das ist: Durm! Kennst du Durm?

Ich muss Schluss machen, wir müssen auf die Fähre, den Rio João de Tiba überqueren. Wenn ich das siebenmal mache, habe ich den TITEL! Siebenmal über den Tiba, dann bin ich Weltmeister oder Asche! … Ja, kann man ma fascht singe: Siebe mol den Tiba überquere, dann bin ich Weltmeischter oder Asche!

Dein Jogi

Zweiter Brief – Wie hast du mein Hemd gefunden?

Kurz vor der WM gab es in Deutschland kein anderes Thema als die spektakuläre Rettung eines Forschers, der in der Riesending-Schachthöhle im Berchtesgadener Land verunglückt war und dort zwei Wochen in rund 1000 Metern Tiefe überlebt hatte. Zwei Tage nach der Rettung siegte die deutsche Mannschaft durch ein weiteres 4:0-Wunder im Auftaktspiel gegen Portugal, danach wurde Deutschland als Favorit auf den Titel gehandelt, um im zweiten Spiel über ein 2:2 gegen Ghana nicht hinauszukommen. Zudem war die Defensive angeschlagen, wodurch mit Shkodran Mustafi ein bis dahin fast unbekannter Spieler zum Einsatz kam. Nun laufen die Vorbereitungen zum letzten Gruppenspiel gegen die USA. Man sieht Jogi Löw täglich in den Analysen und Nachrichtensendungen, fast immer in gut sitzenden blauen Hemden.

Daniela-Liebschte!

Sitz wieder mit Caipi im Campo. Wie fandst du mein Hemd beim Spiel gegen Ghana? Wieder in Nachtblau, wie gegen die Portugiesen! (4:0 für uns!!!! Dreimal Müller!!!) Aber diesmal in S, nicht in M, Daniela, gegen Ghana in S, Slim fit! In der ARD-Analyse bei Gerhard

Delling habe ich ein paar Falten gesehen, es hat sich an den Schultern gewellt, hat ausgebeult ausgesehen irgendwie … Was meinsch du? Besser in XS? Sschlim fit XS gegen die USA, gegen Klinsi?

Ist es wieder stiller in Deutschland? Beim 1:2 gegen Ghana habe ich mich auch ein Stück weit gefreut, dass wieder Ruhe einkehrt. Nach dem 4:0 war mir in Deutschland zu viel, ich sag mal, Irrsinn drin. Ein paar Gurkentore von Müller gegen zehn dämliche Portugiesen (rote Karte für Pepe!) und du hast in Deutschland schon etwas Irrsinniges, die totale Euphorie. Entweder hast du in Deutschland etwas Irrsinniges in die eine Richtung, in die Katastrophe, oder du hast in Deutschland etwas Irrsinniges in die andere Richtung, in die Euphorie, ich kenn überhaupt nur Irrsinnige in Deutschland in die eine Richtung oder Irrsinnige in Deutschland in die andere Richtung … Kei Gleischgewicht in Deutschland, Daniela, kei Gleischgewicht!

Darum wollte ich ein 2:2! Ich habe dieses 2:2 gewissermaßen geplant. Klar hätte ich Schweini und Klose früher bringen können, aber wen habe ich gebracht? Mustafi! Kennst du Mustafi? Ich auch nicht, also kaum, den habe ich vor drei Wochen kennengelernt, den Mustafi, klar, dass da dann schnell das 1:2 fällt, wenn du jemanden bringst, den du nicht kennst.

Wie häsch du meine Hose gegen Ghana gfunde? Pep Guardiola, guter Trainer, Ballbesitz, ja, ja, aber richtig gut sind seine Hosen: gute Passform, hohe Formstabilität, extreme Knittererholung. Knittererholung, Daniela, scheiß uff Ballbesitz und Tiki Taka, Guardiolas Hosen mit Knittererholung muss ich haben! … Verstehsch?

Moment, ich mach mir noch einen Caipi. 1–2 Limetten, 6 Löffel Zucker, 4–3–3 Esslöffel Zuckerrohrschnaps, Prost. Hicks ... Mei Läbe im Campo ...

Hascht den Schuarez (ich mein: Suárez) gesehen?? Wie der Ssschuarez den Italiener in die Schulter gbisse hat! Da hesch du nid mit greschnet! Du reschnest bei der WM mit harte Körpereinsatz, hohe Luftfeuchtigkeit, aber des dir jemand in die Schulter beiße tut, damit nid. Im Fuschball heißt es: Beat them, not eat them! Das war Englisssch, Daniela, unfaschbar!

Sonst ist alles gut, Dani. Ich bin fokussiert. Nur die Mücken nerven. Gegen die USA wechsele ich nicht Mustafi ein, sondern den Höhlenforscher, den mag ich. Ssslimm fit XS und den Höhlenforscher! Da wird der blöde Klinsi gucken, wenn ich den Höhlenforscher bringe!

So, Dani-Liebschte, muss Schluss mache, taktische Besprechung mit Hicksi, quatsch, Flicksi, quatsch, Flick Hansi, oh Jesses, der Caipi, Jesses, Maria und Josef, 4–3–3 Zuckerrohrschnaps ... Tschüssle.

Der Jogi

PS: Tiki Taka Pipi Kaka!!!!

Dritter Brief – Vielleicht wieder ein Bart?

Die deutsche Mannschaft hat bei sintflutartigem Dauerregen in Recife gegen die USA mit 1:0 gewonnen, wieder durch ein Tor von Müller. Das Spiel war mit Spannung erwartet worden, weil nun erstmals zwei Männer aufeinandertrafen, die für das deutsche »Sommermärchen« verantwortlich waren: Jürgen Klinsmann und Jogi Löw, der 2006 der Assistent von Klinsmann ge-

wesen war. Nun sitzt er in seinem Bungalow im Campo Bahia
und schreibt vor dem Achtelfinale gegen Algerien seinen dritten
WM-Brief an seine Frau im Breisgau.

Daniela-Liebschte!
Hast du meine Frisur gegen die USA gesehen??! Wööörst-
kääs-Szenario, Daniela, Wöööööööörst-kääs-Szenario!!
Der beschissene Regen hat mir meine ganze Frisur zu-
sammengedätscht. Weißt du, was Podolski zu mir in der
Halbzeit gesagt hat? »Trainer, pass auf, dass du dich auf
der Bank nicht nur um deine nasse Perücke kümmerst,
sondern auch um uns!« »Poldi«, habe ich gesagt, »du bist
ausgewechselt, jetzt kommt der Klose!«
Klinsi hat mir im Kabinenflur gesagt, auf Schwäbisch,
er ist ja Schwabe: »Jogi, du siescht aus wie ä Mischung
aus Julio Iglesias und Michael Ballack!« »Haha, Jürge«,
hab ich geantwortet, »ich wollt dir a 0:0 ahbiete, aber
glei haut dir de Müller was um die Ohre, *Rumble in the
Jungle!!* Do hilft dir dei Outdoor-Outfit au nix, mir sin
hier nid in den Rocky Mountains!«
Vor dem Spiel habe ich noch dem Jürgen heimlich vom
Kabinenklo ne SMS geschickt: *Jürge, was meisch du?
0:0?! Dei Jogi.*
Weisch, was er mir zurückgsimst hätt?
Psst! NSA!!!
Verstesch du des? Meint er etwa NBA, Basketball? Ich
hab noch ne SMS geschickt. *Lieber 16:16?? oder 17:17??
Wege der Schande von Gisschon, wegen des fiese 0:0 in
Gisschon??*
Ich hab denkt, irgendwasch musch dem Jürge ahbiete,
ohne den Jürge würd der Jogi heut nid mal Paderborn

07 trainiere, Klinke butze, vielleicht den SC Breisach, FC Tirol oder in Saudi Arabien in der Dritte Liga in der Wüschte coache, Wööörst-kääs-Szenario, Daniela, 0:0 musch du da schu ahbiete.

Ich hör jetzt uff mit dem Alemannischen. Sitz wieder mit Caipi im Campo. Gerade eben eine SMS von der Bundeskanzlerin bekommen: *Gut gemacht! Ich hab's daheim mit meinem Mann auf dem Sofa geschaut. Er heißt auch Joachim. Liebe Grüße, Angela Merkel* ☺

Was will die mir denn damit sagen: *Er heißt auch Joachim??* Meinst, die will was?? Ich hab ihr zurückgesimst: *Danke, Angela. Ich bin fokussiert. Dein Jogi.*

Gleich grillt Müller für alle.

Moment, ich mach mir noch einen Caipi! 1–2 Limetten, Doppel-6 Löffel Zucker, 4–3–2–1 Esslöffel Zuckerrohrschnaps. Proscht. Mei Läbe im Campo … Hicks …

Jetzt gegen Algerien. Lach … Aber: keine gute Bilanz, Angela, quatsch, Daniela, hicks, weisch du noch, WM 1982, mit dem aldbackene Rummenigge (scheiß Frisur!) und Jupp Derwall: 1:2 gegen Algerien verlore!! Danach ist die Schande von Schischon, also Gijón kumme.

So, Dani-Liebscht, muss Schluss mache, Grillmüller ruft und taktische Besprechung mit Hicksi, quatsch, Hansi, dazu Müllerwürschtle, oh Jesses, der Caipi und Müllerwürschtle, Jesses, Maria und Joachim, 4–3–3 und immer ins Zuckerrohr. Tschüssle. Adé.

Dein Jogi

PS: Hast du gehört, Italien ausgeschieden, in der Vorrunde ☺ ☺ … Balotelli Altotelli!!! Pizza endstation! Pasta la Basta! – Müllerwürschtle!!!!

Vierter Brief – Wo sind denn die Männer hin?

Im Achtelfinale gegen die engagierten Algerier schrammte die deutsche Mannschaft nur knapp an einer Blamage vorbei. Manuel Neuer musste seine Mannschaft mehrmals vor dem frühzeitigen Ausscheiden retten. Der deutsche Torhüter spielte so eine Art Libero, um seine konfuse und katastrophal verteidigende Viererkette zu ersetzen. Erst das Tor von André Schürrle in der Verlängerung wendete das Unheil ab. Deutschland zog mit Ach und Krach ins Viertelfinale ein, danach bekam Innenverteidiger Mertesacker einen Wutanfall vor laufender Kamera, beschimpfte Journalisten und kündigte an, sich unverzüglich in die Eistonne zu »hauen«. Jogi Löw, zurückgekehrt ins Mannschaftslager, schreibt nun seinen vierten Brief in die Heimat. Seine Erregung ist noch deutlich zu spüren, vor allem in den S-Lauten, die der Bundestrainer ohnehin in einer Art Zischen auszudehnen neigt.

Daniela-Liebschte!
Kannst du noch gut schlafen? Ich nicht, ich nicht, Daniela! Am Anfang waren es die Mücken, jetzt ist es die Viererkette! Nach dem Algerienspiel: Albträume, Daniela, Albträume! Die ganze Nacht seh ich, wie meine Kette zerrissen wird! Die Perlen kullern, hüpfen ohne Ordnung über den Boden, ich sammle alle auf, zieh sie wieder auf die Kette und dann: *schnack, fetz, reiß!* Kette wieder kaputt! Wieder alles durcheinander! *Hüpf, kuller, purzel,* des isch zum uff de Sau nausreide, dieser Höwedes! Jedes Mal denk ich im Traum: DEN HÖWEDES, DIESEN HÜPFEDES ZIEHST DU NICHT MEHR AUF DEINE SCHÖNE

KETTE, JOGI, aber dann ist er wieder da, dieser Hüpfedes, wer stellt den denn immer uff, den stellt irgendjemand uff?!?! Ich nidde, ich nicht! Du etwa? Beckenbauer?! Berti Vogts? Wer macht so was?! Ich mach im Traum die Augen zu und wenn ich sie wieder aufmache, steht da Mustafi! Den kenn ich überhaupt nicht. Kramer auch nicht, kennst du Kramer? Ich weiß nicht, wo die alle herkommen! Sssssssssscchhhh! Ich musste eben einatmen, Daniela, wenn ich *Sssssssssscchhhh* schreibe, atme ich immer ein! Boateng, der spielt wie ein Schluck Kakao in der Kurve! Özil spielt, als ob er seit Jahren faschte würde, dabei stopfe mir ihm, Ramadan hin, Ramadan her, die Kohlenhydrate nur so nei, dem Özil, aber was macht er?! Frauenfußball wie vor 30 Jahre! Götze?? Ha, Götze! Sssssssssscchhhh! Lahm, Philipp! Ssssssssssssssssscchhhh! Wo sind denn, Daniela, die Männer hin, die Typen?! Kroos, der Toni!?? Ha! Philipp??? Mertesacker?!? Eistonne, in die Eistonne! Ich muss schon Kreuzband-Khedira und Patella-Basti aufstelle, diesen Krampfsteiger, damit die Algerier sich nicht in die Hosen mache vor Lache, was die für ä Herz habe, Daniela, diese Algerier, mir fresse vor der Verlängerung Banane, die Algerier bete, do isch HERZBLUT drin, Daniela, keine Banane, dieser Islam Slimani, Supertyp, Supertyp! Soll ich Klaus Augenthaler nachnominiere? Der raucht drei Schachtle Zigarette vor dem WM-Finale, aber dann isch er au da und hätt den Slimani weggfägt! Ich ruf Brehme an? Boateng raus, Brehme rein! Ssssssssssssssssscchhhh! Ich nominier Wörns und den Höhlenforscher nach, scheiß uff die FIFA! Wird sowieso ä WM ohne Weltmeischter wärre!!

Wer soll denn bitte Weltmeischter wärre, Daniela? Ich säh keine! Niemande! Costa Rica?!

Sssssssssscchhhh … Ich musste einatmen, Daniela, … Sssssssssscchhhh …

So … Blaues Jackett gegen Algerien war okay, oder? Und in der Analyse bei Müller-Hohenstein der Kaschmirpullover. Lässig, oder? Hast du das auf bunte.de gelesen? Ich bin in Deutschland eine »Stil-Ikone«! Am Ende keinen Titel, aber Stil-Ikone, Daniela!

Wenn der ganze Scheiß hier vorbei ist, ziehen wir aus dem Breisgau nach Hollywood. Wenn ich die Viererkette hinter mir gelassen habe, werde ich der neue George Clooney! Jenny Elvers hat auf n-tv gesagt, dass sie mich »toll« findet. Kennst du die Elvers? Elvers nominier ich auch nach! (Augenthaler, Brehme, den Höhlenforscher und die Elvers! Neue Kette, basta.)

Moment, Amor, ich mach mir noch ä Caipi. Limetten rein, der Rescht Zuckerrohrschnaps, egal wie, ich bin ä Ikone, ich mach mei eigenes Ding. Proscht. Mei Läbe im Campo … Hicks … (Ich weiß schu, warum die im Bundestag do in Berlin Crystal Meth zu sich nemme, bi dem Stress, do kummsch mol uff andere Gedanke!)

Jetzt gegen die arroganten Franzosen, die haben nur Glück gehabt, sonst nichts, die hauen wir locker weg …

So, Dani-Liebscht, muss Schluss mache, taktische Besprechung mit Hicksi, quatsch, Hansi! Du, Daniela, wenn ich mal wieder taktische Besprechung zu Hause habe und du wieder unangemeldet in mein Zimmer kommsch, zieh ich jetzt in Zukunft eine Linie mit dem Schiri-Schaum. Verstehsch? Dann bleibsch hinter der Linie und ich kann in Ruhe Taktik machen, dieser

Schaum hilft auch in der Ehe, ich bring paar Dosen mit.
Tschüssle. Adé. Dein Jogi

Fünfter Brief – Meinst du, ich werd unsterblich?

Es war im berühmten Maracanã-Stadion in Río de Janeiro; es war der 4. Juli, genau 60 Jahre nach dem »Wunder von Bern«, als die Hoffnung bei hochsommerlichen Temperaturen wiederkehrte: Die deutsche Mannschaft besiegte Frankreich, die spielstarke »Équipe Tricolore«, im Viertelfinale mit 1:0 durch einen wuchtigen Kopfball von Hummels und stand im Halbfinale. Erstmals spielte Lahm wieder hinten rechts, nachdem er vorher im defensiven Mittelfeld eingesetzt worden war und die ganze Nation seit Wochen über die Position des Kapitäns debattiert und gestritten hatte. Im Campo Bahia schreibt der Bundestrainer seinen fünften WM-Brief an seine Frau im Breisgau. Die dunkle Algerienstimmung ist verzogen, die Zeilen strahlen nunmehr große Zuversicht aus.

Daniela-Liebschte!
Mir isch immer klarer worre, dass ich in die Geschichte eigehe wird! Ich schreib dir des au nomol auf Hochdeutsch: Daniela-Liebste, die Zeichen verdichten sich, dass ich in die Geschichte eingehen werde!
Hast du gesehen, wie ich die Schlacht gegen die Franzosen, die Franzmänner, gewonnen habe? Dem deutschen Volk habe ich verkündet, dass ich bei meiner Entscheidung bleibe: Lahm im defensiven Mittelfeld! 70 Millionen Deutsche haben danach geschrien: »Lahm nach hinten rechts!« Ich habe gesagt: »Nein, Lahm bleibt da, wo

er ist, die Entscheidung ist gefallen!« Dabei wusste ich
schon längst, dass ich Lahm nach hinten rechts stelle!!
Und was haben die Franzmänner gedacht? Die waren genauso blöd wie die Deutschen, ich habe sie reingelegt,
weil ich vorher das deutsche Volk reingelegt habe, denn
das deutsche Volk wollte mir einen Plan diktieren, den
ich schon längst hatte! So war das! Ich gehe meinen eigenen Weg. Das deutsche Volk geht mir auf die Nerven.
Ich habe Satellitenfernsehen, ich sehe mir das alles an,
dieses Gequatsche, des Brabble! Sogar der Innenminister
will mir erklären, wo Lahm spielen muss, dabei hat er als
Verteidigungsminister Waffen kaufen lassen, mit denen
man überhaupt nicht vernünftig schießen kann, dieses
Hawk-Ding da, ich kriege hier alles mit in Bahia, der soll
sich mal um die Spione kümmern, nicht um meine Viererkette, der halbe Bundestag kokst Crystal Meth oder
guckt Kinderpornos, aber mir wolle sie erzähle, wie ma
uffstellt! Und dann dieser Markus Lanz mit seinem sau-
blöde Gschwätz, Sssssssssssssssscchhhh … Ich muss Luft
hole, Daniela, wenn ich Sssssssssssssssscchhhh schribb,
dann hol ich immer Luft, diese halb prominente Fuß-
ballmoderatoren-Tussnelda, ssssssschöne Beine, joooo,
aber sssssssssscheiß Analyse, und du, do kummt doch jeder mit seinere Analyse doher, der sagt des, der Nächschte des, do krieg ichs Kotzen, des hass ich am Fußball,
dass jeder kummt. Ssssssssssssssssssscccchhhh …
So, hab mich wieder beruhigt, ich hab schon aus lauter
Verzweiflung auf 3sat umgeschaltet und das Ingeborg-
Bachmann-Wettlesen in Klagenfurt geguckt, was es alles
gibt, da habe ich mal bei der EM gegen Polen gewonnen.
Hast du gesehen, wie beherrscht ich gegen Frankreich

gejubelt habe? Ich jubel jetzt nur noch beherrscht, Daniela, ich mach dieses Ruff und Runter bei den Deutschen nicht mehr mit. Sollen die daheim jubeln, wenn wir ein Tor schießen, ich bleib beherrscht … Kei Gleischgewicht in Deutschland, Daniela, kei Gleischgewicht! Churchill hat einmal über die Deutschen gesagt: »Man hat sie entweder an der Gurgel oder zu Füßen.« Da hat er recht, Daniela, der Churchill, vom Erhabenen zum Lächerlichen ist es in Deutschland nur ein kleiner Schritt. Diese Entschlossenheit! Diese Fokussierung! Diese Effizienz!

Habe eben Napoleon gegoogelt. Diese Entschlossenheit! Wenn ich mir die Bilder von ihm und auch von mir im Internet ansehe, dann weiß ich, dass wir beide einen Plan haben. Der gleich Blick! (Nur das Pferd fehlt mir, Napoleon sitzt sehr oft auf seinem Pferd. Vielleicht sitze ich im Halbfinale auch wie Napoleon auf einem Pferd in der Coachingzone!) Im letzten Brief habe ich dir geschrieben, dass ich mich George Clooney nahe fühle, aber in Wahrheit fühle ich mich Napoleon näher.

Napoleon sagte: »Ich fürchte drei Zeitungen mehr als hundert Bajonette!« Super Satz. Oder: »Die Kugel, die mich töten will, ist noch nicht gegossen!« Gscheit formuliert! Bestelle bitte sofort folgende Zeitungen ab: *Bild, Kicker* und *FAZ!* Ich lese nichts mehr, ich geh meinen eigenen Weg. Nur ich und Du und Napoleon wissen, wo ich Lahm beim nächsten Spiel aufstelle.

Nun gegen Brasilien, Halbfinale.

Daniela, mal im Ernst: Wenn ich eine Frau wäre, würde ich mich in David Luis verlieben. Du nicht? Du kannst es mir ruhig schreiben, ich würde es verstehen. Hast du gesehen, wie David Luis den jungen James von Kolumbien umarmte? Ihn tröstete? Ihn drückte? Ich musste weinen, Daniela, ich habe geweint wie ein Brasilianer. Ich liebe Luis, ich liebe auch Brasilien, ich bin eigentlich Brasilianer, ich gehöre hier hin. Ich fühle mit Neymar, ich liebe auch Neymar, seine Lende ist im Spiel gegen Kolumbien gebrochen, schlimmer Schiedsrichter, er hat auch Silva, den Kapitän, verwarnt, er ist gesperrt, obwohl ich ihn so gerne sehe.

Daniela, meinst du, ich werde unsterblich, wenn ich Müller und Lahm gegen Brasilien nicht spielen lasse, weil Neymar und Silva auch nicht spielen können? Ich seh schon die Schlagzeile: *Ist Jogi Löw irre? Müller und Lahm draußen!!*

Doch es geht um Gerechtigkeit für Brasilien, Daniela, Gerechtigkeit für dieses Land und seine Menschen, man würde mir danach den Trainerposten in Brasilien anbieten, Daniela, wir ziehen von Freiburg nach Bahia, ich will mein ganzes restliches Leben hier joggen und Espresso trinken.

Ich mache mir jetzt einen Caipi … Limetten, Zuckerrohrschnaps, hicks, ich mach des schu automatisch, so ä Zubereitung isch mir schu im Blut.

Dein Jogi Bonaparte

Sechster Brief – Moses und ich!

Das Spiel werden die, die es gesehen haben, nie vergessen. Die deutsche Mannschaft besiegte Brasilien in einem historischen Spiel mit 7:1! Es war kaum zu glauben, nach 29 Minuten stand es bereits 5:0, ja, zwischen der 23. und 29. Spielminute schossen die Deutschen, Außerirdischen gleich, vier Treffer – so etwas war ihnen bisher nicht einmal gegen San Marino gelungen. Die Torschützen Müller, Klose mit Tor-WM-Rekord, zweimal Kroos und Khedira rieben sich die Augen, sie konnten es selbst nicht glauben. So ein WM-Halbfinale hatte es bis dahin noch nie gegeben. Es war wie in einem Traum. Oder in einer Tragödie, denn Brasilien wankte, zerfiel, weinte, starb, es war herzzerreißend, wie die stolze Seleção in der eigenen Heimat auf dem Rasen von Belo Horizonte zugrunde ging. Am nächsten Tag sitzt der Bundestrainer wieder im Campo Bahia in seinem Bungalow, die frenetische Presse aus Deutschland und die weltweiten Schlagzeilen, Huldigungen und Hymen hat er bereits zur Kenntnis genommen.

Daniela-Liebschte!

Danke für deine ganzen SMS, die ich in der Halbzeit gegen Brasilien gelesen habe. Du hast erst in der 31. Minute eingeschaltet? Du hast wegen der Baustelle in Gundelfingen/Freiburg-Nord die ersten 30 Minuten gegen Brasilien verpasst?? Das darf doch nicht wahr sein, Daniela! Ich habe dir immer gesagt, dass man die Baustelle in Gundelfingen einplanen muss! Ich spiele gegen Brasilien, und du stehst im Stau in Gundelfingen! Daniela, fünf TORE in 29 MINUTEN IM WM-HALBFINALE GEGEN BRASILIEN, das gab es noch nie, das ist ein WUNDER, und du stehst da rum in Gundelfingen!

In deiner nächsten SMS stand, dass du erst mal in der Programmzeitschrift nachgucken musstest, ob du das richtige Spiel eingeschaltet hast?

Hä?? Ja meinst du, es spielt an dem Abend noch jemand anderes gegen Brasilien?!

Das waren wir!! ICH, Daniela, das war ich, der JOGI!

Hast du wirklich bei der Störungsstelle angerufen?? Und beim ZDF in Mainz, dass *Brasilien – Deutschland 0:5* ja wohl ein »Druckfehler« sei??

Daniela, das ZDF »druckt« nicht, sondern blendet etwas ein, der Zwischenstand 0:5 wurde eingeblendet, nicht gedruckt! Zeitungen drucken! Schau mal, was sie jetzt drucken, diese Pappnasen: *WUNDER VON BELO HORIZONTE* oder *JOGI SCHREIBT GESCHICHTE!* oder *DAS SIEBTE FUSSBALLWUNDER.*

Daniela, kennst du Moses? Er hat das Wasser geteilt und seinem Volk den Weg durch das Meer geebnet. Daniela, nach dem 5:0 hatte ich plötzlich das Gefühl: Irgendwie gibt es eine Parallele zwischen mir und Moses!

Im letzten Brief habe ich dir geschrieben, dass ich mich Napoleon nahe fühle, aber in Wahrheit fühle ich mich Moses näher. Brasilien im WM-Halbfinale 7:1 zu besiegen ist wie Moses, der das Meer teilt!! Habe eben auch Moses im Internet gegoogelt. Verblüffende Ähnlichkeit! Die Gesten, mit denen er am Ufer des Roten Meeres das Wasser teilt, sind haargenau die gleichen Gesten, mit denen ich aus der Coachingzone die taktischen Anweisungen zum 7:1 gegeben habe!

Moses und ich! Du musst uns unbedingt googeln!

Daniela, ich bin wie im Rausch, so muss es sich für die Bundestagspolitiker anfühlen, wenn sie Drogen nehmen. Wollen wir auch mal? In Gundelfingen?

Lass uns einen Hund kaufen! Ich will einen Hund mit dir haben und er soll nicht Moses heißen, sondern Belo Horizonte! Dann jogge ich als Weltmeister durch den Schwarzwald, die Leute winken mir zu und hinter mir läuft Belo Horizonte!

Weißt du was? In der Halbzeit, beim 5:0, habe ich mich gefragt, ob das alles real ist. Einmal habe ich zu Flick gesagt: »Hansi, vielleicht ist das *Verstehen Sie Spaß?* Vielleicht hat sich die FIFA bestechen lassen von *Verstehen Sie Spaß??* Oder vielleicht ist es wie in diesem Film, weißt du noch? *Truman-Story* oder so, wo der Mann am Ende mit seinem Boot gegen den Horizont fährt und der Horizont ist gar nicht real!

Ich habe unseren Pressechef, den Grittner, im Kabinengang gefragt: »Grittner, sag mal, bin ich im Film? Steht es wirklich 5:0 für uns??« Grittner nickte. »Ja, Jogi«, sagte er, »ich kann das bestätigen, 5:0 nach 45 Minuten, es ist der Wahnsinn!« Dann sagte ich zu Grittner: »Grittner, bist du dir sicher, dass das auch in Deutschland ausgestrahlt wird??« Grittner sah mich irritiert an, aber ich hatte plötzlich das Gefühl, die würden in Deutschland lieber noch mal das Algerienspiel zeigen, damit die Deutschen weiter schimpfen können! Die Deutschen wollen immer schimpfen, Daniela, wir sind ein Schimpfland. Und wenn es nichts zu schimpfen gibt wie jetzt, dann gibt es einen riesigen »Hype« um irgendwas, das ist englisch, Daniela, »to hype« heißt jemanden hochschießen, in Deutschland wird hochgschosse und runtergschosse (»shit storm« heißt des). Kei Gleischgewicht in Deutschland, Daniela, kei Gleischgewicht!

Hättest du nicht in Gundelfingen herumgestanden, dann hättest du sehen können, dass ich beim Stand von 4:0 auch mal geschimpft habe. Habe ich extra gemacht. Ich wusste, dass die in Deutschland jetzt alles hochschieße, also habe ich extra runtergschosse.

Und jetzt kommt es, Daniela! Ich habe auch nicht mehr

gejubelt beim 5:0, 6:0, 7:0, weil es in diesem Spiel um etwas anderes ging. Ich habe in die Augen der Brasilianer gesehen und ja, Daniela, ich habe auf dem Klo in der Halbzeit heimlich geweint, Mitgefühl, Daniela, Mitgefühl ... Ich hab in Belo Horizonte uffm Klo nochm Pausetee still und leise gheult. Solle die Deutschen uff der Fanmeile saufe und hochschieße und unzärtlich sei, aber ich bin uffm Klo in Belo Horizonte ä zärtliche Mensch gworre. Die Brasilianer hän wie Kinder ohne Baba gspielt, verlasse, ohne Hoffnung. Daniela, wenn ich Weltmeischter bin, kehre mir Deutschland de Rücke und gehe nach Brasilien, ich ghör hier hi. Belo Horizonte nehme ma mit.

In Liebe und Demut, dei Jogi

PS: Ich habe während dieses Briefes sieben Caipis getrunken, ich bin schon – hicks ... besoffe.

Siebter Brief: Jetzt werden sie alle auf die Knie gehen

Jogi Löw sitzt am frühen Morgen nach dem Finale im Sheraton-Hotel in Rio de Janeiro und schreibt den siebten Brief an seine Frau, die aus dem Breisgau nach Brasilien gekommen ist und im Nebenzimmer schläft. Jogi Löw ist Weltmeischter (Götzes Traumtor in der Verlängerung zum 1:0). Die Bundeskanzlerin hat ihm schon persönlich gratuliert, er konnte vor Glück die ganze Nacht nicht schlafen.

Daniela-Liebschte!

Weisch du noch, vor zehn Jahren? Wie oft sind wir an unserem Fluss, der Dreisam, Fahrrad gfahre? Austria Wien hat mich nausgeschmisse! Davor hat mich der FC Innsbruck nausgeschmisse, davor war ich kurz bei den Türken, auch nausgeschmisse! Am End nur noch Fahrrad gfahre, an de Dreisam! Mit dem Fahrrad de Schwarzwald nuff und nunter. Arbeitslos, Daniela, arbeitslos! Ich immer stur und draurig vornedrusse, du hintenoch …

Ich muss Hochdeutsch schreibe, für die Nachwelt Hochdeutsch schreibe, Daniela. Du hast immer gesagt: »Guck doch emol, Jogi, wie schön die Amsle bei uns im Schwarzwald singe!« Dann habe ich gesagt: »Mich hätt grad Austria Wien nausgschmisse, ich interessier mich nid für Amsle und des Gezwitscher!« Dann häsch du was vun de »Finken« geschwätzt! Wie oft häsch vun de Finken geschwätzt, Daniela, warum denn usgerechnet vun de »Finke«! Ich hab immer denke müsse: FINKE, der sitzt fescht im Sattel beim SC Freiburg, der isch ä Legende, und was bin ich?? Ich hab nur ä Fahrradsattel, sonscht nix! Und was hab ich jetzt, Daniela, was isch jetzt? Ich bin Weltmeischter!!!! Hochdeutsch, Daniela, wir müsse Hochdeutsch schwätze, wir sind jetzt historische Mensche …

Ich schaue nicht mehr auf die Dreisam, ich schaue auf den Atlantik! Die Sonne geht gerade auf, nicht über dem Schwarzwald, nein, nein, über der Copacabana, Daniela! Du liegst im Nebenzimmer und schläfst, aber ich kann nicht schlafen, ich kann noch nicht schlafen! Ich sitze als Weltmeister an diesem Schreibtisch und muss gleich heulen, Daniela, Tränen tropfen auf diesen Brief, es ist der Weltmeisterbrief.

Ich bin Weltmeister! Herberger, Schön, Beckenbauer und ich! Nie wieder in der Nacht schweißgebadet aufwachen und denken, es steht 4:4, obwohl es eben noch 4:0 stand, erinnerst du dich, gegen Schweden?!

Soll ich dich jetzt wecken und du erzählst mir wieder was von Amseln und FINKEN? Nein, nein, ha, Herberger, Schön und ich! (Beckenbauer lass ich mal weg).

Eben SMS von Klinsmann bekommen: *Glückwusch, Jogi, a wenig hab ich ja jetzett au de Titel!*

Der Klinsi schwäbelt halt ä bissle, er meint uff Deutsch, ihm gehört au der Titel. Ich hab geantwortet: *Da, wo die Dreisam das Wasser des Krummbachs aufnimmt, hat dieser Weg begonnen!*

Verstehsch?? Der Klinsi hat mich doch angerufen und mir den Job als Assistenztrainer angeboten! Da waren wir gerade wieder Fahrradfahren, an der beschissenen Dreisam! Und jetzt antwortete ich nicht mit *Danke, Klinsi, das war damals echt nett von dir, dass ich dein Assi hab sei dürfe!,* nein, nein, ich antworte wie ein Kaiser, wie ein Weiser, wie ein Weltmeister: *Da, wo die Dreisam das Wasser des Krummbachs aufnimmt, hat dieser Weg begonnen!*

Habe soeben Heldentaten gegoogelt, die in Brasilien vollbracht worden sind, und plötzlich habe ich den berühmtesten Krieger Brasiliens vor mir gesehen, auf einem Sockel! Tolle Ausstrahlung! Zwar mit Lendenschurz, kein Hemd wie ich in Slim Fit, aber wir beide haben diese Ausstrahlung, Daniela, er und ich, diese Ausstrahlung!

Araribóia war Anführer des Temiminó-Stammes und kam aus dem Urwald nach Rio de Janeiro, um hier die Franzosen, die Niederländer, ja eigentlich alle zu schlagen. Jogi heiße ich, ich kam aus dem Schwarzwald, von der Dreisam, auch nach Rio de Janeiro, um ebenfalls alle zu schlagen. (Bei mir fehlt noch der Sockel. Kommt noch! Lendenschurz brauche ich nicht ☺)!

Jetzt werden sie alle auf die Knie gehen, Daniela, die ganzen Experten in Deutschland, die müssen alle auf die Knie gehen!

Was haben sie geschimpft: vier Innenverteidiger! Keine richtigen Stürmer! Spieler wie Mustafi, Durm, die niemand kennt (nicht mal ich, kennst du Durm?). Und was ist jetzt, Daniela: WELTMEISTER!

Das sage ich dir: Experte sein allein reicht nicht! Man muss es auch im Gefühl haben, ich coache mit Gefühl, kennen die Deutschen gar nicht! Ich coache mit dem Herzen, kennen die Deutschen nicht! Ich coache mit der Nase, ich coache auch mit den Haaren, auch mit dem Hemd! Dieser Araribóia und ich haben Kräfte, von denen die deutschen Experten nichts wissen.

Und mein Schweinsteiger, Daniela! Ich habe gestern bei der Übergabe der Medaillen gesehen, wie die Kanzlerin ihn gedrückt hat, ich glaube, sie liebt ihn, den Schweinsteiger, ich auch, er ist ein Held. Wenn dieser Araribóia einen Heeresführer hatte, er muss einer wie Schweinsteiger gewesen sein, er erinnerte mich auch an Rocky.

Nun noch etwas ganz Wichtiges: Während du im Schlafzimmer atmest wie Schweinsteiger nach 120 Minuten ☺, ist mir aufgefallen, dass unsere Ehe ist wie diese WM (»ist«, unsere Ehe »ist«!, nicht »war«, also, nid »gwäse isch«, ich lass mich nid scheide, nur weil ich jetzt Weltmeischter bin, Dani-Schätzle, Spätzle!).

Also: Erst das 4:0, so beginnen Ehen. Dann Ghana, Schlagabtausch. Danach das mühsame Regenspiel mit 1:0. Und dann irgendwann Algerien … (Du, Algerien gibt's in jeder guten Ehe!!!) Danach gegen Frankreich, Läuterung, wieder aufwärts. Dann die Ekstase mit 7:1, als ob sich die Ehefrau plötzlich die Brüste hat vergrößern lassen. (Pardon, Daniela, das nimm ich zurück, ich war übermutig, aber ich bin ja au Weltmeischter.)

So, ich trinke jetzt noch einen letzten Caipi, ä letschte Caipi, dann lege ich mich zu dir, Schweini, quatsch, Dani, hicks. Und dann fliege mir nach Berlin, da krieg ich den Sockel.

Dein ewiger Jogi

V Von den kleinen und den großen Dingen

Das Vater-Sohn-Kapitel

1 Wie ich meinen Sohn so erziehe, dass er auf keinen Fall Bayern-Fan wird

Vor zwei Jahren wollte mein Sohn sein erstes Fußballtrikot haben. Auf einem Markt in Spanien wehten sie im Wind: weiße Kindertrikots von Real Madrid, hellblaue von ManCity, blaurote von Barcelona, gelb-rote von Spanien, azurblaue von Italien, orangefarbene von den Niederlanden. Mein Sohn wollte das ganz rote Trikot, das von Bayern München.

»Nein«, sagte ich, »das geht nicht, dein Vater ist in Grün-Weiß groß geworden, er wurde mit Werder Bremen sozialisiert.« (So habe ich es nicht gesagt, aber so ähnlich, außerdem würde Bayern München anderen immer die besten Spieler wegkaufen, ich habe sogar »wegklauen« gesagt, auch den Grün-Weißen würden sie die besten Spieler »wegklauen«.)

Hinten, verdeckt von anderen, hing ein blau-rotes Trikot von Paris Saint-Germain. Es war das billigste, vermutlich, weil kein Junge das Trikot eines Clubs tragen wollte, der noch nie etwas Großes gewonnen hatte.

»Lass uns das nehmen!« Mein Sohn würde das Trikot sowieso nur heute tragen und ab morgen keines Blickes mehr würdigen.

»Das ist zu groß, von den ganz roten Trikots gibt's auch kleinere!«, antwortete er.

»Da wächst du rein!«, sagte ich. »Und hinten steht Neymar drauf, das ist der beste Spieler der Welt, ein Brasilianer! Außerdem ist das ein Paris-Trikot, in Paris steht der Eiffelturm.« Mein Sohn mag den Eiffelturm und dafür, dass Neymar unfassbare 222 Millionen Euro gekostet hatte, empfand ich das Neymar-Trikot als Schnäppchen.

Letzte Woche nach dem 3:0 von Paris gegen Red Bull Leipzig holte ich das Trikot aus der hintersten Schrankecke. »Schau mal, die stehen im Endspiel der Königsklasse!«

Mein Sohn riss mir das Trikot aus der Hand und ging den Rest der Woche damit in die Kita, es passte jetzt wie angegossen, allerdings gab es natürlich sympathischere Vereine als PSG, es war im Grunde genommen absurd, dass ich meinen Sohn ausgerechnet mit einem PSG-Trikot, auf dem der Schriftzug von Qatar Airways prangte, zu einem ehrenwerten, sprich keinem Bayern-Fan erziehen wollte!

Vor dem großen Königsfinale würde er vorschlafen, erklärte er, wenn er es dann sehen dürfte. Er durfte. Tage vor dem großen Finalsonntag gab es kein anderes Thema: Dass Paris gewinnen müsse, weil Bayern München eine »Klaumannschaft« sei, weil Paris die Guten seien, die mit dem Eiffelturm, und die anderen, die Roten, die Bösen.

Um 21 Uhr saß er in seinem Trikot vor dem Fernseher, um 21:15 Uhr war er eingeschlafen. Am nächsten Morgen weckte er mich mit den Worten: »Paris hat gewonnen, oder? Papa, oder? Paris hat gewonnen gegen die Klaumannschaft, oder??«

»Ja«, sagte ich knapp und bastelte in Gedanken schon an der Theorie der positiven, gewinnbringenden Notlüge. Mein Sohn würde heute, vielleicht noch morgen stolz sein Trikot tragen, er würde an das Gerechte in der Welt glauben (ich tat gerade so, als hätte nicht der Katarverein aus Paris, sondern

Sankt Pauli gegen die Bayern im Finale gestanden), er würde an gerechte Siege über ungerechte Klaumannschaften glauben, außerdem, beruhigte ich mich, würde ohnehin keine Ehe länger als 90 Minuten halten, wenn man sich immer die Wahrheit sagen würde, ja, die Wahrheit wurde moralisch überschätzt.

Am darauffolgenden Montag war sein erstes offizielles Kinderfußballtraining bei den Hertha-Knöpfen. Als wir auf dem Trainingsgelände angekommen waren, sah mein Sohn 14 Kinder, davon trugen zehn rote Bayern-Trikots, an zweien baumelten sogar noch die Preisschilder. Zwei Kinder trugen Trikots von Hertha, einer eines von Galatasaray. »Verloren, verloren!«, riefen die Kinder im roten Trikot meinem Sohn im blau-roten Trikot zu, während er immer irritierter versuchte, die Anweisungen des Trainers umzusetzen.

Ich stand am Spielfeldrand und überlegte, was ich ihm nach dem Training sagen sollte. Dass die anderen alle gelogen hätten? Dass eine Klaumannschaft gar nicht gegen eine Mannschaft mit dem besten Spieler gewinnen könne? Dass die Fernsehgeräte der anderen eine Farbstörung gehabt und dass in Wahrheit die blau-rote Mannschaft gewonnen hätte? Dass die Väter der anderen das mit dem Sieg der Klaumannschaft nur erzählen würden, weil sich der Kauf der teuren Bayern-Trikots gelohnt haben sollte?

Während mein Sohn erste Schussübungen absolvierte, fühlte ich mich wie ein Betrüger, wie ein Faktenverdreher. Ich dachte an George Bush, der Massenvernichtungswaffen im Irak erfand, um Saddam Hussein zu besiegen oder um an das ganze Öl zu kommen. Ich dachte sogar an Trump! An das womöglich Trumpische in mir, das Trumpische in uns, das Postfaktische in uns allen.

Als mein Sohn nach dem Training der Hertha-Knöpfe weinte wie Neymar nach dem verlorenen Finale, nahm ich ihn in den Arm. »Ehrlich gesagt bin ich auch eingeschlafen und habe geträumt, dass die Mannschaft von deinem Trikot gewonnen hat, es tut mir leid«, sagte ich leise. »Weißt du, wenn wir Spiele im Fußball verlieren, dann müssen wir uns zwar kurz die Augen reiben, aber danach sofort weiterträumen. Wenn wir träumen, können die anderen im Fußball so viel klauen, wie sie wollen, irgendwann gewinnen dann wir.«

2 Heute im Weserstadion!

15. Mai 2022

Mein Sohn kam zum ersten Mal mit ins Weserstadion. Saisonfinale gegen Jahn Regensburg, das vermutlich letzte Spiel in der 2. Liga, danach großer Aufstiegsjubel. Auf der Autofahrt Richtung Norden haben wir uns dann nur über Werder Bremen unterhalten.

»Dein Opa wird ja morgen 89 Jahre alt und er ist seit circa 85 Jahren Werder-Fan. Das Weserstadion ist übrigens das schönste Stadion der Welt!«, rief ich ihm nach hinten auf die Rückbank zu.

»Wann warst du das erste Mal im Weserstadion?«, fragte mein Sohn. Er spricht eigentlich sonst nur über das Berliner Olympiastadion und Hertha BSC. – Ja, Hertha, tragisch, was habe ich nur falsch gemacht? Kürzlich waren wir sogar bei dem Grottenkick Hertha gegen Mainz.

»Das erste Mal war ich beim Spiel gegen Spartak Moskau im Weserstadion, die russische Mannschaft dürfte da aber wegen des russischen Krieges gegen die Ukraine heute gar nicht mehr spielen. 6:2, das war ein Wunder von der Weser, im Novembernebel!«, antwortete ich euphorisch. »Danach war ich im Stadion gegen den SSC Neapel mit Maradona, Wahnsinn! Von Maradona habe ich dir schon erzählt, die Hand Gottes, aber Werder gewann 5:1! Noch ein Wunder von der Weser!«

»Aber Werder gegen Regensburg? Jahn Regensburg, gähn, wie langweilig, da passiert bestimmt kein Wunder«, sagte er trocken.

»Muss es auch nicht, ein Punkt würde schon reichen, damit Bremen aufsteigt. Dann wird das die erste Aufstiegsfeier deines Lebens ... Niiiiiie mehr zweite Liga«, fing ich an zu singen.

Wir fuhren eine Weile schweigend weiter, hin und wieder nahm ich einen Schluck Kaffee aus meinem Werder-Becher.

Ich erinnerte mich an den Tag des Abstiegs im letzten Jahr. Ein alter Jugendfreund rief an, er war damals der Einzige, der nicht in meinem Fußballverein war, und ich habe ihn niemals gegen einen Ball treten sehen. Er kam mir als Kind schon vor wie ein alter Mann, mit dem ich mich über Michelangelo und Ernst Barlach unterhalten musste anstatt über meine Werder-Bremen-Helden Dieter Burdenski oder Rudi Völler. Er ist dann wirklich Bildhauer und Maler geworden, macht heute abstrakte Kunst, lebt abgeschieden, ich wette, er ist nicht mal in einem Kunstverein geschweige denn bei Facebook. Am Tag des Abstiegs klingelte dann mein Festnetztelefon, das ich eigentlich nur noch für meine handylose Mutter habe. Er habe heute an mich gedacht, sagte er.

»Pass mal auf, du bist jetzt sieben. Wenn du zwölf bist, wird es bestimmt schon neue Wunder von der Weser gegeben haben«, nahm ich das Gespräch mit meinem Sohn wieder auf. »Und dann wirst du Werder-Fan sein wie ich. Hertha ist okay, aber warte, bis du im Weserstadion gewesen bist! Wir sitzen in der Loge von Dieter Burdenski, einer Torwart-Legende!«

Burdenski fand mein Sohn ausnahmsweise sofort toll. Ich erzählte ihm, dass er neben seiner Sportevent-Marketing-Agentur auch noch Fußballmannschaften ausrüste. »Er macht Trikots!« Mein Sohn liebt Trikots, er hat mehr Trikots als seine

Mutter Schuhe. Und dass Burdenski neben Sepp Maier Nationaltorhüter gewesen sei, denn mein Sohn stand bei Brandenburg 03 im Tor, die hatten ihn von Hertha Zehlendorf abgeworben (er kam noch nicht einmal an die Latte, nahm aber schon am Transfermarkt teil).

»Also, Burdenski war mein Torhütervorbild, als ich noch dachte, ich würde einmal Nationaltorhüter werden. Ich zeige dir mal auf YouTube Paraden von Burdenski, der hat Schüsse von Paul Breitner gehalten, die hätte nicht mal Manuel Neuer abgewehrt!«

»Nicht mal Manuel Neuer?! Das will ich sehen, sofort!«, sagte mein Sohn, endlich neugierig.

Wir hielten am Rastplatz Stolper Heide und ich machte ihm auf dem Smartphone das Spiel Werder Bremen gegen Bayern München am 21. August 1982 an, dann fuhr ich weiter.

Während der Fahrt hörte ich die Kommentatorenstimme von Jörg Wontorra. Immer wieder stürmten die Bayern auf das Werdertor zu, aber immer wieder scheiterten Rummenigge, Norbert Nachtweih oder eben Paul Breitner an Burdenski, bis sich irgendwann Jean-Marie Pfaff, der Torwart der Bayern, den Ball nach einem Einwurf von Uwe Reinders selbst ins Tor legte. 1:0 gegen die Bayern!

Ich erinnerte mich nun an all die großen Siege: deutsche Meisterschaften, Pokalfinalsiege, die ich im Olympiastadion miterlebt hatte. Ich erinnerte mich an Champions-League-Spiele, umjubelte Last-Minute-Tore gegen Juventus Turin; an Thomas Schaaf, der mir mit seiner genialen Raute schon damals als der Pep Guardiola der Weser erschien. (Nicht die Angela-Merkel-Raute, sondern die Schaaf-Raute! Vor der Viererkette stand ein Sechser, ein Zehner spielte direkt hinter den zwei Spitzen, zwischen Sechser und Zehner standen außen die Achter, kurz: die Sechs, die Zehn und die beiden Achter bildeten die Raute, geniales System!) Ich dachte an Micoud, den Regisseur, die geniale Zehn, ich dachte an den filigranen Diego, den ebenso genialen Nachfolger Micouds. Ich dachte an Frings, kämpfend mit Stirnband. An Aílton, den Kugelblitz. Und an Pizarro, ach, Pizarro, aber auch an Klose oder Bode oder Völler. Ja, heute noch einmal gegen Jahn Regensburg, dachte ich, aber dann, dann kommt das alles, das ganz Große, vielleicht bald wieder.

Mein Sohn sah sich das Video mindestens 15-mal an – so fuhren wir mit der Stimme von Wontorra und den umjubelten Paraden von Burdenski Richtung Norden, immer näher an die Weser.

3 Mit dem heiligen Rasen in die Schule

Mein Sohn war am Sonntag also das erste Mal im Weserstadion. Er kam als trauriger Hertha-Fan (Relegation!) und ging als glühender Werder-Anhänger aus dem Stadion. Abends um acht, singend: »Niiiiiiiiiiiiiiiiiiiiiiiiiie wieder 2. Liga!« – und vergaß, dass seine Hertha dort bald sein könnte.

Vor dem Stadion sah er plötzlich den Truck, in den die Werder-Spieler stiegen.

»Ich will mit!«, rief er.

»Nein!«, sagte ich. »Morgen ist Schule, in Berlin, außerdem bist du Hertha-Fan!«

»Ich will nicht nach Berlin! Ich will in den Truck von Werder!«, schrie er.

»Werder ist Werder, und Schule ist Schule!«, maßregelte ich, wäre aber am liebsten auch in den Truck gesprungen. »Da dürfen nur die Spieler rein, außerdem warst du schon auf dem Rasen des Weserstadions!« War er wirklich!

In Loge 50 nahm ich nach dem Schlusspfiff Dieter Burdenski in den Arm. Ja, dachte ich, wenn du das als Ehrenspielführer, als Werder-Legende siehst, wie dein altes, geliebtes Stadion vor lauter Freude, Glück und Taumel bebt und tobt und jubelt und singt, dann denkst du auch wieder an die alten Zeiten, die großen Triumphe und bitteren Niederlagen, den eigenen Abstieg und Aufstieg, das Schönste und Schlimmste, die Zerwürfnisse im Verein, was wie und warum falsch gelaufen war. Doch all das löste sich nun mit dem Schlusspfiff gegen Regensburg auf, in Burdenskis Tränen. Die Legende weinte.

Für einen Moment stellte ich mir vor, wie ich zwischen Werder-Loge und Ehrenspielführerloge hin und her laufen und alle miteinander versöhnen würde (als ich das letzte Mal bei einem Werder-Spiel war, waren alle irgendwie verkracht) – aber plötzlich war mein Sohn weg, ein paar Reihen weiter unten versuchte er, über die Absperrung zu klettern.

Ich sprang über die Sitze und zog an seinem neuen Werder-Trikot (in der Halbzeit gekauft!). »Bist du verrückt, was machst du denn?«

»Ich will auf den Rasen!«

»Das ist verboten! Und gefährlich!«

»Aber da sind doch alle!«

»Ja, die sind alle wahnsinnig, außerdem machen die den Rasen kaputt! Ich appelliere an deine Vernunft!«

Schließlich war es der Werder-Geschäftsführer Klaus Filbry selbst, der uns den Weg wies. Nun gut, dachte ich, wenn es Filbry erlaubt. Ich schaute noch verwundert den Werder-Präsidenten Hess-Grunewald an, er lächelte.

Der Weg runter zum Spielfeld war die reinste Turnübung. Fünf Minuten später saß mein Sohn vor der Westkurve im Strafraum und stach mit einem Buttermesser in den Rasen.

»Wo hast du das Messer her!?«, rief ich.

»Gefunden!«, schrie er.

»Das ist Hybridrasen! Naturrasen mit künstlichen Fasern verstärkt, der kostet für das gesamte Spielfeld 500 000 Euro, lass sofort das Messer los!«

Ich konnte gar nicht hinschauen. Ich war offizieller Bot-

schafter des Vereins und mein Sohn nahm den Hybridrasen des Weserstadions auseinander.

Viel später, auf der Autobahnraststätte, füllten wir den heiligen Rasen in eine Tupperdose, in dem ihm seine Oma Proviant mitgegeben hatte, und fuhren nach Berlin. Und am nächsten Tag ging mein Sohn mit genau dieser Dose in die Schule.

4 Von den kleinen, großen Dingen

Über heiligen Rasen und Brechts Pfeife

20. Mai 2022

Diese Texte sind vielleicht auch der Versuch, wenigstens für einen kleinen Moment, Gegenwelten zu behaupten: zum Krieg in der Ukraine, zur Energiekrise, zu den immer neuen Coronavarianten oder Folgen der Klimakrise und anderen Krisen. Gegenwelten sind hoffnungsvoll, leuchtend – so wie schöne goldene Pokale oder kleine heilige Rasenstücke.

Das Stückchen aus dem Weserstadion wurde aus der Tupperdose in ein Einwegglas umgefüllt und steht jetzt in unserer Berliner Wohnung auf dem Schreibtisch meines Sohns, für ihn gut sichtbar. Vielleicht müsste man es bald mit frischer Erde und Saat vermischen und lieber auf dem Balkon anpflanzen, sonst zerfällt es am Ende vielleicht zu Staub. Und wie nennt man das eigentlich, wenn man sich so ein Stück Rasen mitnimmt und es zu Hause anbetet? Devotionalien, Sakramentalien, Werder-Fetisch?

Karl Marx sprach ja nicht vom Werder-Fetisch, sondern vom »Warenfetisch«, meinte damit aber seine Kritik am Kapitalismus. Bei Sigmund Freud heißt es »Objektsexualität«, aber das geht nun wirklich zu weit, finde ich. Dann doch eher Sakramentalien, das klingt heiliger, man denkt an Palmzweige zur Segnung, an Weihwasser.

Eine Freundin hat mich gerügt, das Stückchen gehöre in ein Bremer Museum, nicht nach Berlin-Charlottenburg auf den Schreibtisch eines Erstklässlers, aber so funktioniert das nicht. Man will das Stückchen vom ekstatischen Aufstiegstag für sich allein haben! (Doch Sigmund Freud?) Als mein Sohn in der Schule war, habe ich den heiligen Rasen einfach von seinem auf meinen Schreibtisch gestellt, mir scheint das Schreiben nun leichter von der Hand zu gehen.

Es scheinen die Tage solcher kleinen, großen Dinge zu sein, denn neben dem Rasen liegt jetzt eine heilige Pfeife. Eine Pfeife von Bertolt Brecht! Ja, ich wiederhole: Brechts Pfeife!

Das war so: Letzte Woche wurde in Gießen, wo ich studiert habe, mein Vorlass präsentiert (»Vorlass«, komisches Wort). Mein damaliger Professor war Brecht-Schüler und deshalb musste ich den gesamten Brecht lesen, inklusive Theorie, episches Theater, Verfremdungseffekt, alles. Nach der Präsentation holte Nicolaus Webler, stellvertretender Vorsitzender des Literarischen Zentrums Gießen, einen kleinen Koffer hervor, in dem acht Pfeifen lagen: kastanienbraune Dunhills, restauriert und poliert, mit weißem Punkt auf jedem Mundstück.

Der jüngere Bruder von Brecht, Walter Brecht, war Leiter des Instituts für Papierfabrikation in Darmstadt. Ihm sind entscheidende Methoden der Altpapieraufbereitung zu verdanken, man kann sagen: Der eine Bruder schaffte Papier heran, der andere schrieb es voll. Als der berühmtere Bruder 1956 starb, bekam der andere Bruder den Pfeifenkoffer – und dann gelangten die Pfeifen über ein Darmstädter Luxusgeschäft zu Herrn Webler. Lange Geschichte, aber nun gehört eine der Brecht-Pfeifen mir.

Natürlich kann man Brechts Pfeife nicht mit dem heiligen Rasen vergleichen, aber es ist ein ähnliches Gefühl, beides zu besitzen. Wie viel Lebenszeit habe ich im Weserstadion verbracht, gefiebert, gehofft, getrauert, gejubelt, und nun habe ich endlich ein Stück davon, es ist auch ein Stück der eigenen Geschichte.

Genauso ist es mit Brecht. Wie musste ich mich durch Brechts Lehrstücke und Theatertheorie quälen, aber Jahre später lief ich nun mit seiner Pfeife durch meine alte Studentenstadt.

Natürlich sieht man Brecht meist mit Zigarren auf Bildern, aber er rauchte auch Pfeife, zum Beispiel mit Max Frisch, als sie sich in Zürich trafen. Apropos Max Frisch, dem habe ich mal einen Brief geschrieben aus Gießen, ich hatte Liebeskummer (eine Bremerin!), Frisch kannte sich ja mit Liebesfragen sehr gut aus. Den Brief habe ich nie abgeschickt, er lag während der Präsentation des Vorlasses in einer Vitrine.

So ist das mit den kleinen, großen Dingen. Andere sammeln Briefe von unglücklichen Studenten, andere Rasenstücke aus Bremen.

In Worpswede steht übrigens ein Tisch von Rainer Maria Rilke, in meiner Kindheits-Buchhandlung Netzel. Mein Traum ist es, darauf eines Tages den heiligen Rasen und die Brecht-Pfeife zu legen. Und dann ein Gedicht zu schreiben.

5 Im Mutterland der Pokale

22. Mai 2022

Gestern Abend stand der Bremer Goldschmied Florian Blume wieder in der Kapelle des Berliner Olympiastadions. Nicht, um für die abstiegsbedrohte Hertha zu beten, sondern um kurz nach Ende des Pokalfinales Leipzig gegen Freiburg den Namen des Siegers in die begehrte Trophäe zu gravieren.

Er und sein Gravurmeister machen das schon seit Jahren. Blume ist Geschäftsführer der Bremer Silberwarenmanufaktur Koch & Bergfeld, gegründet 1829 und damit so alt wie die Bremer Eiswette. In der Manufaktur schmieden sie nicht nur hochwertiges Besteck, Becher und Vasen aus Silber, sondern auch Pokale.

Zum Beispiel den Pokal für den Gewinner der Champions League, der Königsklasse. Der sogenannte »Henkelpott«, den Jürgen Klopp nächstes Wochenende hoffentlich für Liverpool in den Händen hält, wurde 1967 bei Koch & Bergfeld entworfen und hergestellt. Acht Kilogramm schwer, gehämmert und gelötet aus 925er Sterlingsilber, im Inneren mit 24-karätigem Gold ausgeschlagen.

Als ich mit meinem Sohn am letzten Wochenende in Bremen war (Weserstadion, Aufstiegsjubel!), haben wir vorher noch die Manufaktur am Europahafen, Schuppen 2 besucht. Mein Vater hat bei Blumes Goldschmiedegroßvater in Hildes-

141

heim die Meisterprüfung abgelegt, mein Bruder Thomas ging wiederum bei Blumes Vater in die Silberschmiedlehre – wir sind eine Goldschmiededynastie!

Überall wurde an den Werkbänken gearbeitet, Metall gedrückt, gehämmert, gelötet, geschmirgelt, poliert, granuliert, graviert. Der Pokal für den Gewinner der UEFA-Europameisterschaft stand einfach so neben einem Regal mit Löffeln. Der Pokal für Klopp und Liverpool wurde noch auf der Werkbank poliert, er stand neben der Goldenen Kamera (die Trophäe ist viel zu schön für den Mist, der für das deutsche Fernsehen produziert wird!). Eine Kopie der berühmten deutschen Meisterschale lag neben einer Schmirgelleinenrolle. Mein Sohn lief durch die Manufaktur wie durch das Schlaraffenland.

Die Meisterschale ist irre schwer, elf Kilo, sie wäre uns fast heruntergefallen und ehrlich gesagt ist diese sogenannte *Salatschüssel* auch irgendwie nicht besonders schön, obwohl sie Elisabeth Treskow, eine tolle Goldschmiedin und Kunstprofessorin, mit ihren Studenten 1949 in Berlin angefertigt hat.

Der DFB-Pokal stand schon poliert und strahlend bereit, um für das Pokalfinale im Olympiastadion verpackt zu werden: Sterlingsilber, mit 250 Gramm Feingold feuervergoldet, verziert mit zwölf Turmalinen, zwölf Bergkristallen und achtzehn Nephriten, einer davon in der Form des DFB-Emblems, entworfen 1964 vom Kölner Goldschmied Wilhelm Nagel.

Manager Rudi Assauer hatte ihn einmal bei den Siegesfeiern mit Schalke 04 vom offenen Bus herunterfallen lassen, da war er dann ganz verbeult und schief und wurde bei Koch & Bergfeld generalüberholt. Lothar Matthäus soll mal nach einem siegreichen Finale mit den Bayern eine Nacht mit ihm verbracht haben, aber auch das hat der Pokal überlebt.

Ich liebe diesen Pokal, mein Sohn auch. Er nahm ihn zärtlich in die Arme und redete auf ihn ein – wegen der Goldschmiededynastien dachte er, der Pokal gehöre irgendwie auch ein bisschen ihm.

»Du bist der Schönste von allen hier«, sagte er. »Gut, dass du dieses Jahr nicht nach München gehst, aber geh auch nicht zu RB Leipzig, ich mag Freiburg.«

»Der Pokal hat seine eigenen Gesetze«, erklärte ich. »Der macht, was er will. Aber nächstes Jahr könnte er ja mal wieder in Bremen bleiben, was meinst du?«

»Ja, und der Champions-League-Pokal da hinten auf dem Tisch auch, der soll auch in Bremen bleiben.«

»Man muss die Kirche im Dorf lassen«, sagte ich, zwinkerte der Salatschüssel aber verstohlen zu. »Fangen wir vielleicht erst mal damit an, mit der Meisterschale.«

Das ist das Schöne an dieser besonderen Manufaktur in Bremen: Man kommt hier, im Mutterland der Pokale, wieder ins Träumen.

6 Heute, 17:15 Uhr, Zeitenwende!

Wie dann Bayern München doch wieder Meister wurde

27. Mai 2023

Es gibt bestimmt fußballbegeisterte Kinder in diesem Land, die bisher gedacht haben, dass der FC Bayern München automatisch Deutscher Meister würde. Mein Sohn zum Beispiel. Er hat noch nie einen anderen Meister erlebt – »Liga Laaaaaangweilig«, heißt die Bundesliga bei ihm.

»Aber heute geschieht ein Wunder, die Saison 2022/23 endet mit einem Wunder!«, habe ich ihm gesagt. »Bayern hat gegen Leipzig verloren und Dortmund in Augsburg gewonnen und wenn jetzt Dortmund zu Hause gegen Mainz gewinnt, dann kann Bayern in Köln meinetwegen 1000:0 gewinnen, wurscht, es hat sich ausgesemmelt, Dortmund ist trotzdem Meister, du erlebst wahrscheinlich eine Zeitenwende!«

»Ist das auch wegen Putin?«, fragte er. »Zeitenwende bedeutet doch Waffen und dass die Bundeswehr stärker werden soll?« Er weiß so etwas aus den Logo-Nachrichten in der Schule, da gucken sie offenbar so oft Logo-Nachrichten wie ich die Tagesthemen.

»Du hast recht«, antwortete ich, »die Welt ist viel wichtiger als Fußball, der ist nur Nebensache, aber in deinem Leben geschieht wirklich gerade eine kleine Zeitenwende, heute, Samstag, um 17:15 Uhr! Vorher hast du immer nur routinierten, langweiligen rot-weißen Jubel gesehen, dein ganzes Leben bestand aus Bayern-Meisterschaften, sogar als du gezeugt wurdest und deine Eltern heirateten, war dieses verdammte Bayern München schon Meister, aber das hat nun ein Ende, stell dir jetzt, nach all diesen sinnlosen Lebensjahren, den schwarz-gelben Jubel vor, ohne diese doofe Weißbierdusche!«

»Ich bin aber Hertha-Fan, wir sind abgestiegen!«, entgegnete mein Sohn.

»Ich habe dir immer gesagt, dass du kein Hertha-Fan sein sollst! Du musst Werder-Fan sein! Die spielen zwar auch nicht gerade meisterlich, sind aber wenigstens sympathisch!«

»Wo die Liebe hinfällt, hat Mama gesagt«, erklärte mein Sohn.

Stimmt. Sogar mein bester Freund ist Bayern-Fan, er weiß selbst nicht, warum, es ist halt irgendwann so gekommen. Aber nun schrieb er mir verstörte Nachrichten: *Vielleicht wird Bayern nicht Meister?!! Oh Gott, wie ist das möglich?*

»Du kennst doch Tuchel, du hast dich doch mal mit ihm getroffen«, sagte mein Sohn. »Und dann hast du mir erzählt, dass es keinen besseren deutschen Trainer gibt. Und wieso verliert der dann?«

Ich war tatsächlich einmal mit Tuchel, als er gerade zu Dortmund gewechselt war, in der *Bar Tausend* in Berlin. Wir tranken die ganze Nacht Mineralwasser. Als ich zwischendurch aufgestanden war, um Salznüsschen zu bestellen, sagte er mir, ich hätte am Tresen mit einer Frau geflirtet. Es war nur ein winziger Augenkontakt in der Rückwärtsbewegung gewesen, aber Tuchel sah so etwas.

Ich habe ihn dann über alle Trainerstationen verfolgt, ihn in Dortmund sogar zu Übungseinheiten besucht. Tuchel ist ständig hellwach, er ist ein unentwegter Beobachter, auch Überwacher, vielleicht ist er sogar von einer wahnsinnigen Pendanterie getrieben. Er sieht natürlich, wenn Kingsley Coman an der falschen Stelle lupft oder Jamal Musiala einen Zweikampf nicht annimmt. Und er sagte nach der Niederlage: »Ich kann erklären, was fehlt, aber ich kann nicht erklären, warum.«

Das klingt ein bisschen wie die Urknall-Philosophie, in Tuchel steckt ja auch ein Philosoph, obwohl er BWL studiert hat. Ich simste dem Freund zurück: *Bei deinen Bayern gab es einen Urknall, aber ich weiß nicht, warum.*

Hast du was getrunken?, schrieb er zurück.

Keinesfalls!, antwortete ich. *Tuchel hat mir mal gesagt, dass ich, obwohl ich nur Mineralwasser trinke, in der Rückwärtsbewegung flirte, du kannst auch lupfen sagen! Bei den Bayern ist es genauso, es wird geflirtet, es wird gelupft, aber es werden keine Zweikämpfe mehr geführt.*

Meinem Sohn erklärte ich: »Euer etwas bulliger Hertha-Trainer wäre für die Bayern der Richtige gewesen, der hätte sich aus der zweiten Mannschaft ein paar Schweinsteiger-Typen geholt und dann wäre Schluss mit Lupfen und Flirten!«

»Mit was??«, fragte mein Sohn.

»Also, mit Schweinsteiger-Typen würden die Bayern schnörkellos gewinnen.«

»Hätte denn Tuchel meine Hertha gerettet?«, fragte er als Nächstes.

»Keine Ahnung, vielleicht«, murmelte ich. »Wichtig ist, mein Sohn, dass du nun voll und ganz Werder-Fan wirst! Die gute alte Hertha wird sich so schnell nicht wieder erholen.«

Um die Bayern mache ich mir übrigens keine Sorgen, will

ich auch gar nicht. Wahrscheinlich werden die jetzt auch die Zeitenwende und ein »100-Milliarden-Sondervermögen« ausrufen – und dann wird Bayern den Meistertitel vielleicht erst wieder abgeben, wenn der Sohn mir Enkelkinder schenkt.

PS: Es kam anders. Borussia Dortmund erreichte im eigenen Stadion nur ein 2:2 gegen Mainz 05; Bayern München gewann durch ein Tor in der 89. Minute mit 2:1 in Köln und wurde seit 2013 zum 11. Mal hintereinander Deutscher Meister. Miran, mein Sohn, kam 2014 auf die Welt.

VI Der betäubte Panther

Der Niedergang des
deutschen Fußballs

Mit der WM 2018 in Russland, die genau wie alle anderen Weltmeisterschaften für sehr viel Geld gekauft worden war, begann der Niedergang des deutschen Fußballs. Deutschland traf in der Gruppe F in Moskau auf Mexiko (0:1 verloren); in Sotschi auf Schweden (2:1 gewonnen durch ein spätes Tor von Kroos) und in Kasan auf Südkorea (0:2 verloren, die »Schande von Kasan«). Wie schnell das manchmal geht: Als Weltmeister kam man, als Gruppenletzter fuhr man nach der Vorrunde nach Hause.

1 Die Köpfe meiner Spieler sind leere Stadien

Der Bundestrainer schreibt einen letzten Brief an sich selbst

Jogi Löw versteckte sich nach der Schande von Kasan fünf Tage in seiner Neubauwohnung in Freiburg. Während der Achtelfinalbegegnung Brasilien – Mexiko, die er in seinem Wahn für die Begegnung Brasilien – DEUTSCHLAND hielt, servierte ihm seine Frau Daniela plötzlich statt eines Espressos die Wahrheit. Sie schrie ihn an: »Das ist nicht Deutschland, die Grünen sind MEXIKO, du bist schon längst ausgeschieden, wach auf, tritt zurück!« »Nein, nein«, entgegnete Jogi und wollte vor dem Fernseher noch einmal Gómez einwechseln. Danach schmiss ihn Daniela aus der Wohnung, er solle mal durch die Straßen von Freiburg laufen, da würden ihm die Leute schon sagen, was in Kasan passiert sei. Jogi Löw flüchtete sich ins Hotel Colombi, wo er sich unter dem Erdgeschoss in den Umkleidekabinen des Schwimmbads mit einer Tasse Espresso versteckte. Dort verfasste er den folgenden Brief an sich selbst.

2. Juli 2018, Freiburg, Umkleidekabine

Lieber Jogi,

im Spiegel sehe ich immer noch einen Weltmeister: volles Haar, durchtrainiert, Sonnenbrille, Espresso trinkend. So sehen Weltmeister aus. Klopp und Tuchel könnten gar nicht meine Nachfolger werden, weil sie gar keine Haare haben, da fängt's ja schon an!

Ständig diese scheiß Analysen! Seit Jahren trägt mir jeder seine Analysen vor, alle! Die Journalisten, diese Saubacken, die Innenminister, des deutsche Volk! Wie mir des auf die Nerven geht! Nach der WM hat mir des deutsche Volk jede Nacht in meine Träume seine Analysen vorgetragen, 82 Millionen, jeder Karlarsch durfte in der Nacht ran mit seiner persönlichen Analyse, wie kannst du da schlafen – 82 Millionen Analysen! –, wie kannst du da träumen?! Einmal kam sogar Otto Rehhagel, da wirsch verrückt, wenn der Rehhagel plötzlich nebe deine Bett steht mit seiner ollen Analyse. Bin ich nicht Weltmeischter? Bin ich etwa kein Weltmeischter? Kommt man einem Weltmeischter ständig mit seine persönliche Analyse? A Weltmeischter steht a Stück weit über jede Analyse! Wenn ich Journalisten sehe, stelle ich mich lieber stumm und kompakt und weltmeisterlich an eine Säule in Sotschi und blinzele in die Sonne, als mir deren Analysen anzuhören.

Wenn ich Espresso trinke genauso! Wenn ich weltmeisterlich Espresso trinke, kann man mit mir nicht sprechen.

Ein Mensch, der genüsslich Espresso trinkt, den stört man nicht, merkt euch das! Meint ihr, ich trinke freiwillig so viel Espresso? Schon in meiner Ehe habe ich ständig genüsslich Espresso getrunken, damit die Frau mich nicht anspricht!

Ich will endlich meine Ruhe!!! Ich will eure Analysen in dem ganzen Espresso ertränke, wie ich schon meine Ehe im Espresso ertränke wollte! Ja, ich will auch jetzt des deutsche Volk in meinem Espresso ertränke, jaaaaa, des deutsche Volk, des undankbare, im Espresso ertränke! Ständig halte sie einem in diesem Land die Fehler vor und destabilisiere! Ständig dieses Destabilisiere! Wer hätt denn unsere Defensive destabilisiert? Khedira? Ich etwa?? Quatsch! Des Land hat uns destabilisiert! Könne nid mol ordentlich ä Diesel baue, aber uns destabilisiere! Kei Flughafe, nix, ä Regierung gibt's monatelang keine, aber uns sage, die Defensive isch destabilisiert, des isch ä Realitätsverkennung, des isch ä Entrückung, entrückt isch des alles, nebe de kapp isch des … Sssssssssssssssssssssssccchhh, ich muss Luft hole, wenn ich Sssssssssssssssssssssssccchhh schreib, hol ich immer Luft … Keine ordentliche Diesel, aber uns sage, die Defensive isch destabilisiert! Des Land isch destabilisiert.

Hochdütsch, Jogi, für die Nachwelt uff Hochdütsch jetzt. Ich bin entspannt … Ich sehe es im Spiegel: Der Jogi ist ganz entspannt … Man muss entspannt wirken. Habt ihr denn meine Spieler nach dem Spiel in der Steppe von Kasan gesehen? Wisst ihr, wie es in den Spielern aussieht? Wisst ihr, was die Spieler im Innersten zusammenhält? – Nichts! Nix!!!

Hier ist MEINE Analyse:

Die Köpfe meiner Spieler sind leere Stadien. In ihren Köpfen liegen die letzten Betrunkenen auf den Rängen, müde Ordner kehren Pappbecher und abgebrannte Feuerwerkskörper zusammen. In den Köpfen der Spieler humpelt der Platzwart mit einem Kreidewagen über die Steppe von Kasan und zieht weiße Linien ins Nichts.

(Wow, Jogi, »mit einem Kreidewagen über die Steppe von Kasan und zieht weiße Linien ins Nichts«, des isch echt subber gut, des isch ä subber Analyse, die schick ich au dem DFB!)

Ups, hochdütsch, der Dichter Rilke schreibt:
*Sein Blick ist vom Vorübergehn der Stäbe / so müd gewor-
den, daß er nichts mehr hält.* (Siehe Manuel Neuer, früher
hätt er au die Unhaltbare ghalte!)
Weiter: *Ihm ist, als ob es tausend Stäbe gäbe / und hinter tausend Stäben keine Welt.* (Keine Welt = Kein Weltmeischter trotz tausend Chance.)
Weiter: *Der weiche Gang geschmeidig starker Schritte, /
der sich im allerkleinsten Kreise dreht …* (Özil, Özil isch
domit gmeint!!!), *ist wie ein Tanz von Kraft um eine
Mitte,/ in der betäubt ein großer Wille steht.*
Nun siege die Kleine, die keine betäubte Panther habe,
nun siege die Hungrige. Ich zitiere ä mol de Lukas, nid
de Poldi, sondern des Evangelium:
*Selig seid ihr Armen; denn das Reich Gottes ist euer. Selig
seid ihr, die ihr jetzt hungert; denn ihr sollt satt werden.*
Was solle jetzt die tief greifende Änderunge sein? Nix!
Wenn die Erschte jetzt die Letschte sind, dann sind doch
beim nächschte Mol die Letschte wieder die Erschte, do
wär ich jo wahnsinnig, wenn ich jetzt alles uff de Kopf
stelle tät! Verstehsch du, Jogi?
Du gehsch jetzt us dere Umkleidekabine, rufsch die *Bild*-
Zeitung an und sagsch, dass du weitermachsch. Und
dann? NIX! BLOSS NIX TIEFGREIFENDES! Au kein
Trainingslager, mir habe viel zu viel trainiert. Tausendmal trainiert und nichts passiert. Deine Spieler gehöre
vor große Turniere nid uff de Trainingsplatz, sondern
ans Meer oder uff de Berg. The best must rest. Da soll
der Bierhoff ä Hashtag draus mache.
#TheBestRest
Müller ans Meer! Özil uff de Berg! Boateng in de Wald!

Amen. Hier isch noch der neue EM-Song: *All you need is Löw* von de Beatles.

There's nothing you can do that can't be done
Yeah … Wie goht's weiter? Ah, ich hab's …
Nothing you can say, but you can learn how to play the game
Des isch genial …
All you need is Löw, all you need is Löw
All you need is Löw, Löw, Löw is all you need

Des isch subber. Besser als Helene Fischer! Ich seh au ä Stück weit aus wie de Paul McCartney. She löws you, yeah, yeah, yeah …

2 Über Scham

Die Schande von Kasan

Als die deutschen Nationalspieler nach dem katastrophalen Spiel gegen Südkorea ausschieden, fiel mir eine Geschichte über Scham ein, sie handelt merkwürdigerweise von Karl-Heinz Rummenigge.

Rummenigge hatte mit der Nationalmannschaft bei der WM 1982 in Spanien trotz der Schande von Gijón noch das Finale erreicht (1:3 gegen Italien), doch das Team von Jupp Derwall wurde von den Medien zerfetzt und Rummenigge traute sich zurück in München nicht mehr aus dem Haus. Das Wetter war so schön, also setzte er sich Hut und Sonnenbrille auf und ging auf den Viktualienmarkt. Keiner erkannte ihn. Aber als er in eine abgelegene Ecke des Marktes kam, wo eine uralte Frau auf einem Hocker saß und Kartoffeln verkaufte, sagte sie: »Guten Tag, Herr Rummenigge«, woraufhin er erschrocken nach Hause lief und sich noch besser verkleidete. Er klebte sich sogar einen Bart an. Als er erneut zu der greisen Verkäuferin kam, sagte sie wieder: »Guten Tag, Herr Rummenigge.« »Verdammt noch mal!«, sagte er. »Woran erkennen Sie mich denn immer?« »Geh, du Depp«, sagte die alte Frau, »ich bin doch der Paul Breitner.«

Auf diese Idee würden die heutigen Twitter- und Instagram-Nationalspieler gar nicht kommen. Im Gegensatz zur Scham von Rummenigge und Breitner wirken die Urlaubsfotos der Spieler geradezu beschwingt. Manuel Neuer auf einem Rennboot; Thomas Müller bei einem Dressurturnier mit Ehefrau Lisa in Innsbruck; Hummels in Kroatien; Draxler in Hollywood; Khedira auf den Malediven und der Bundestrainer auf Oldtimer-Tour durch den Breisgau.

Ich finde, sie sehen sogar erleichtert aus, so als hätte ihnen jemand eine schwere, schwere Last von den Schultern genommen. Nicht zu vergleichen mit den Fotos aus Russland, auf denen sie wirken, als würden sie den schon fest eingeplanten fünften WM-Stern wie ein Kreuz mit sich herumtragen.

Vermutlich hat das ganze Land dieses WM-Kreuz mit sich herumgetragen. Und vermutlich haben alle Deutschen diese WM mitverloren, nicht nur die Spieler. Für die Journalisten war der fünfte Stern Pflicht, für die Vermarkter und Stammtische sowieso, und sogar fußballferne Institutionen wie Theater- oder Literaturhäuser waren fest auf Titelkurs und richteten ihre Veranstaltungen nach dem deutschen Finale aus. Heiratswillige steuerten ihren Glückstag streng nach der deutschen Gruppe F aus, Tabellenerster, Achtelfinale gegen die Schweiz am 3. Juli, Viertelfinale am 7. Juli, heiraten dazwischen.

Was für ein Irrsinn, was für eine Fehlplanung! Wochenlang war es unmöglich am Stern Richtung Brandenburger Tor abzubiegen! WM-Titel-Vollsperrung! Und was für eine Verblendung, vom Bundestrainer bis zur Senatsverkehrsverwaltung! Eine wochenlange WM-Titel-Vollsperrung, aber nicht einmal ein richtiger Matchplan des Bundestrainers im ersten Gruppenspiel! Wieso sollte es auch einen Matchplan für ein Gruppenspiel geben, wenn man schon nach Watutinki ins Mannschaftshotel gezogen war, weil Watutinki näher am Austragungsort des Finales lag?

Tja. Und dann kamen ein paar mexikanische Konter über rechts und brachten alles und das gesamte Land durcheinander. Und nun sitzen am voll abgesperrten Brandenburger Tor ein paar Hanseln und schauen das Achtelfinale, Schweden gegen die Schweiz oder Japan gegen Belgien, ohne Deutschland, ohne Bier, ohne Bratwürste.

3 Angela Merkel oder Von der Sehnsucht, lächeln zu dürfen

Fusballbriefe, Abschiedsbriefe

Den nahenden Angela-Merkel-Tross sah ich schon aus den Augenwinkeln. Im Januar 2007 stand ich auf einem Fest in Berlin mit Mario Adorf, der mein Hagen von Tronje bei den Nibelungenfestspielen gewesen war. Adorf war gerade dabei, mir eine Hagen-Szene so vorzuspielen, wie er sie inszeniert hätte, als der Merkel-Tross direkt hinter ihm zum Stehen kam. »Siegfried, Siegfried, hör ich immer nur Siegfried?!«, deklamierte er, adorfhaft. »Die Bundeskanzlerin steht hinter dir!«, sagte ich, aber Adorf hörte schlecht, er deklamierte einfach weiter, bis Merkel ihm von hinten zart auf die Schulter tippte: »Guten Abend, Herr Adorf. Dürften wir ein Foto machen?«

Adorf drehte sich um und erschrak. Der Stehtisch, an dem wir lehnten, war zugestellt mit Biergläsern und Currywurstschalen. Dieser Saustall, dachte ich und steckte schnell die Finger in mehrere Biergläser, um sie wegzutragen. Adorf nahm schon routiniert die Foto-Position am Tisch ein, doch die Bundeskanzlerin sah mir die ganze Zeit aufmerksam dabei zu, wie ich die Wurstschalen stapelte und ebenfalls aus dem Bild trug. Als schließlich das Foto gemacht war, sagte sie zu Adorf irgendwie ganz sachlich: »Noch eine schöne Veranstaltung«, dann wandte sie sich mir zu: »Danke fürs Wegräumen, sehr aufmerksam.« Mir schien, sie lächelte, sie strahlte sogar.

Gerhard Schröder wäre wahrscheinlich nie auf die Idee gekommen, sich fürs Wegräumen von unschön aussehenden Currywurstschalen zu bedanken. Merkel hatte zwar Kohl, Schäuble, Merz, Koch oder Stoiber und andere aus dem Weg geräumt, aber sie bedankte sich für die ganz kleinen Dinge – das beeindruckte mich, seitdem mag ich sie.

Einige Jahre später war ich dann nicht mehr ihr Kellner, sondern ihr Ghostwriter. Ich wollte schon immer Reden für Politiker schreiben, mit denen sie in die Geschichte eingehen. Früher hatte ich mir manchmal vorgestellt, Briefe großer Feldherren, wie Napoleon oder Alexander der Große, am Vorabend entscheidender Schlachten zu verfassen. Ich fing nun an, Briefe für Angela Merkel aufzusetzen, immerhin, adressiert an den Bundestrainer. Dabei stellte ich mir eine ambivalente Frau vor, eine Frau mit Macht und Durchsetzungskraft, die aber auch eine gewisse Verspieltheit und Sehnsucht in sich trug.

Später lernte ich sie in der Kantine des Deutschen Theaters etwas besser kennen. Es standen drei Rotweinflaschen auf dem Tisch. Sie erklärte mir die Welt und berührte mich immer wieder am Arm, als wollte sie mich darauf hinweisen, dass auch eine Bundeskanzlerin höchst lebendig sei.

Es sind Abschiedsbriefe, für beide, für die scheidende Bundeskanzlerin und den scheidenden Bundestrainer. Es sind Briefe vom einsamen Leben an der Spitze.

1. Brief: Ich vermisse Schweinsteiger!

Bei der pandemiebedingt erst 2021 stattfindenden EM 2020, ausgetragen in zehn europäischen Städten und der asiatischen Stadt Baku, startete Deutschland erneut mit einer Niederlage.

Man unterlag in München im ersten Gruppenspiel Frankreich
mit 0:1 durch ein Eigentor von Hummels, den der Bundestrainer
eigentlich schon nach der »Schande von Kasan« aus der Mann-
schaft geworfen hatte. Jogi Löw hatte angekündigt, nach der EM
das Amt des Bundestrainers niederzulegen.

Lieber Jogi,
ich siebzehn Jahre, Du sechzehn Jahre, und nun hören
wir gemeinsam auf. Du nach der EM, ich nach der Bundestagswahl. Du hoffentlich doch noch irgendwie als
Europameister, mir ist die Bundestagswahl schon fast
egal, soll der Bessere gewinnen.
Ich habe mal ein paar alte Bilder von uns angeschaut.
Ich schaue mir gerne Bilder von früher an und wundere
mich dann, wie dieses junge, zarte Mädchen, das ich einmal war, es so lange da oben ausgehalten hat. Fragst Du
Dich das auch manchmal, wie Du das so lange ausgehalten hast?
Schade, dass es gegen die Franzosen im ersten Gruppenspiel nicht geklappt hat. Doofes Eigentor. Ärgerst Du
dich jetzt etwa, dass Du Hummels zurückgeholt hast?
Hättest Du mich um Rat gefragt, ich hätte Dir abgera-
ten, es rächt sich immer, wenn man jemanden kaltstellt
und dann zurückholt. Hätte ich damals Friedrich Merz
zurückgeholt, hätte der mir garantiert hintenrum auch
ein Eigentor reingeschossen. Und irgendwann, wenn ich
nicht mehr da bin, kommt er zurück und dann fallen in
jedem Spiel Eigentore.
Meinst Du, Hummels hat das extra gemacht? Mein
Mann, der mit mir das Spiel geschaut hat, sagte sofort, so
wie der Hummels den reingeschossen habe, könne man

fast vermuten, dass das Absicht gewesen sei, er hätte ja auch woanders hinschießen können und nicht genau in den Winkel, da müsse man erst mal reintreffen. So was habe in der deutschen Geschichte bisher nur Berti Vogts gemacht, sagte der Reporter, 1978 bei der WM, ach, da lebte ich noch nichts ahnend in der DDR.

Aber nimm meinen Mann auch nicht so ernst, der hatte eine anstrengende Woche. Beim G7-Gipfel in Cornwall musste er sich stundenlang mit der Frau von Macron unterhalten, kennst Du die? Die ist Philosophin, die hat zwei Stunden lang über Guy de Maupassant und Arthur Schopenhauer referiert. Beim Abendessen saß er neben Joe Biden und musste sich dessen kritisches Gerede über China anhören, das geht mir jetzt schon auf die Nerven, ich habe meinen Mann dann kurzerhand neben die Queen setzen lassen, keine Ahnung, ob man danach noch diesen Schuss von Hummels richtig bewerten kann.

Wäre die Viererkette doch besser gewesen, wie manche sagen? Mir kam das Spiel unserer Mannschaft ein bisschen vor wie ein Kindergeburtstag. Wir durften alles machen, aber sobald es gefährlich wurde, haben die Franzosen gut aufgepasst und uns das Spielgerät wieder weggenommen. Es fehlt bei uns vielleicht ein bisschen das Freche, das Rotzige, das Kühne und Wilde? Ich vermisse Schweinsteiger! Oder einen wie Sparwasser.

War früher alles besser? Als ich anfing, hatte ich ein Hammerkabinett: Müntefering, Schäuble, Steinbrück, Steinmeier, Gabriel, Scholz, viele von der SPD, ja, aber wenn man das mit dem ganzen Schrott vergleicht, den ich heute habe …

Wie ist das bei Dir? Ist es bei Dir auch von Jahr zu Jahr schlechter geworden, obwohl Du Weltmeister geworden bist? Mein zweites Kabinett bestand schon aus Rösler, Brüderle, Ramsauer und Konsorten, jetzt bin ich sogar schon bei Spahn. Wen hast Du? Die meisten kenne ich gar nicht mehr.

Ich vermisse wirklich Basti Schweinsteiger. Menschen, die mich mitreißen, aber wer reißt einen heute noch mit? Menschen, die einen träumen, schwärmen und an etwas glauben lassen? Wenn ich ehrlich bin, weiß ich gar nicht, wen ich bei der Bundestagswahl wählen soll.

Deine Angela.

PS: Ich lese gerade Gedichte über den Abschied. Wenn Du gegen Portugal auch noch verlierst, schicke ich Dir etwas von Rilke. Oder eine Ode von Hölderlin.

2. Brief: Du führst das Glück zurück ins Land

Endlich wieder ein fulminanter Sieg bei einem großen Turnier. Das deutsche Team bezwang in München Portugal, die Mannschaft Ronaldos, mit 4:2. Vor allem stach ein bis dahin eher unbekannter Spieler heraus: Robin Gosens auf der linken Außenbahn.

Lieber Jogi,

das war sehr ergreifend. Der Sturmlauf unserer deutschen Mannschaft hat bei mir Gefühle ausgelöst, wie ich sie zuletzt bei den Richard-Wagner-Festspielen auf dem Grünen Hügel in Bayreuth empfunden hatte.

Dieser Gosens! Wo hast Du den denn plötzlich her? Wie

der da nach fünf Minuten schon so angeflogen kam! Hat der mal klassisches Ballett gemacht?

Mein Mann sagte vor dem Spiel, dass Du Dein System nicht geändert habest, werde sich jetzt bitter rächen. Er sagte, Du müssest mit Viererkette spielen lassen und nicht mit Dreierkette. Er sagte, Toni Kroos und İlkay Gündoğan auf der Doppelsechs seien ungefähr so bräsig wie Horst Seehofer und Peter Altmaier bei mir! Lass mal die Kirche im Dorf, habe ich ihm geantwortet. Ich wünsche Jogi wirklich nicht Seehofer und Altmaier auf der Doppelsechs, schon die Vorstellung ist niederschmetternd.

Lieber Jogi, ich wollte Dir trotzdem kurz vor Anpfiff noch eine SMS schicken, um die Viererkette anzuordnen, gewissenmaßen als »Bundesnotbremse«.

Beim ersten Gegentor durch die Portugiesen (Ronaldo!) suchte ich Dir schon ein Gedicht heraus, in dem das lyrische Ich Abschied nimmt:

Bald werd ich dich verlassen,
Fremd in der Fremde gehen ...

Joseph von Eichendorff! Doch plötzlich kommt wieder dieser Gosens, diese stramme Flanke und Toooooor, also Eigentor, aber diesmal keines von uns wie das von Hummels! (Gibt's da eigentlich eine neue Regel, dass die jetzt alle Eigentore schießen?)

Macron, der französische Präsident, war gerade bei mir zum Abendessen im Kanzleramt, das erste Staatsbankett nach Corona. Es ist seltsam, plötzlich wieder mit dem ganzen Besteck zu essen. So manche Tischregel habe ich schon ganz vergessen. »Die Benutzung des Bestecks und der Gläser erfolgt von außen nach innen – vom Griff des Bestecks nur die oberen zwei Drittel anfassen«, musste ich mir immer wieder sagen, es war wie bei meinem ersten Staatsbankett mit Jacques Chirac, da hatte ich überhaupt noch keine Ahnung, ach, lange, lange her.

Auch Small Talk muss erst wieder geübt werden. Ich habe mit Macron über Hummels Eigentor gesprochen. Macron hat gegrinst, aber ich habe ihm gesagt, dass Hummels das extra gemacht hat. Immer, wenn Hummels gegen Frankreich ein Tor schießt, dann holen wir später den Titel, siehe 2014 in Brasilien! Macron war plötzlich noch kleiner.

Es hat mir gefallen, wie Du vor dem Spiel Deinen »Matchplan« erklärt hast, ohne Aufregung, ganz sachlich, wissenschaftlich, da sind wir uns ähnlich. Ich habe mal ein bisschen gegoogelt, wir haben auch immer ähnliche Begriffe verwendet, besonders mag ich Deinen »Vertikalpass«. Das erinnert mich an meinen »Fiskalpakt« in der Eurokrise. Überhaupt denke ich manchmal, dass es die Europameisterschaft ohne mich gar nicht mehr geben würde.

Schönes blaues Hemd, war das Slim Fit? Auf jeden Fall war dein erster Knopf offen. Bei Deinem Assistenten im gleichen Hemd war er geschlossen, bei Dir war er offen. Das habe ich früher zum Beispiel bei Ursula von der Leyen auch so gemacht, wenn wir zusammen aufgetreten sind. Sie wollte ständig einen Knopf öffnen. Ursula, habe ich gesagt, der Knopf bleibt geschlossen, und im letzten Moment habe ich dann bei mir selbst einen geöffnet.

Öffne gegen Ungarn meinetwegen zwei. Wie viele Knöpfe hast Du? Öffne einfach nach jedem Sieg einen weiteren! Man braucht sieben Spiele, bis man den Titel hat, oder? Bei mir waren es auch sieben: Kohl, Schäuble, dann gegen Merz, Stoiber, Roland Koch, Wulff, am Ende noch gegen Ursula. Die Gruppenphase war das Schwerste (Kohl, Schäuble, Merz), danach wurde es immer leichter, beim Achtelfinale gegen Stoiber musste ich mich nicht mal mehr anstrengen. So wird's bei Dir auch werden.

Du kommst mir hoch vom Hang entgegen
im Feierkleid, im weißen Kleid;
Ein Grüßen blüht auf deinem Munde,
ein Winken weht von deiner Hand,
und durch des Abends rote Stunde
führst du das Glück ins kühle Land …

Lieber Jogi, dies ist ein Liebesgedicht von Rainer Maria Rilke. Es ist aber nicht für Dich, sorry, sonst hätte ich ja »weißes Kleid« in »blaues Slim-Fit-Hemd« umgedichtet. Nein, es ist für Gosens! Geh bitte zu Gosens und trage ihm diese Zeilen vor. Wenn er es nicht kapiert, sag ihm einfach, dass er das Glück in unser kühles Land zurückgebracht hat.
Deine Angela
PS: »Kühles Land« ist eine Metapher. Es ist zwar gerade viel zu heiß, aber dieses Land ist kühl, weil es mir, ehrlich gesagt, schon seit Längerem auf die Seele drückt.

3. Brief: Gott ist divers

Fast wären die Deutschen schon wieder in der Vorrunde ausge-
schieden. Im dritten Gruppenspiel, erneut in München, lagen sie
gegen Ungarn lange mit 1:2 zurück, bis schließlich Goretzka in
der 84. Spielminute mit einem wuchtigen Schuss den Ausgleich
erzielte und damit Deutschland vor einer erneuten Blamage be-
wahrte und ins Achtelfinale rettete.

Lieber Jogi,
von der 68. Spielminute bis zur 84. Spielminute saß ich
schon mit meiner Friedrich-Schiller-Gesamtausgabe da,
um Dir ein paar Zeilen zu Deinem desaströsen Abschied
rauszusuchen:

Völker verrauschen,
Namen verklingen,
Finstre Vergessenheit
Breitet die dunkelnachtenden Schwingen
Über ganzen Geschlechtern aus.

Die Braut von Messina, ein Drama! Schillers Drama hätte
gepasst. Unter den dunkelnachtenden Schwingen wäre
Deutschland verrauscht und der Name Jogi Löw ver-
klungen bis ins letzte Geschlecht.
Oder diese Zeilen von Heinrich Heine:

Die holden Wünsche blühen,
Und welken wieder herab,
Und blühen und welken wieder –
So geht es bis ans Grab.

Bei dem Tor von Havertz für Deutschland blühten sie und dann, als ein Ungar ins deutsche Tor köpfte, welkten sie wieder dahin bis schließlich dieser Goretzka aus dem Hintergrund schoss.

Das ist nichts für meine Nerven! Ist *das* Fußball? Blühen, welken, blühen, welken? Eine Weile saß ich nur versteinert da, mit Schiller und Heine auf meinem Sofa in Berlin-Mitte, und formte mit den Händen still die Raute.

Deine Analyse nach dem Schlusspfiff hatte etwas von der ARD-Elefantenrunde 2005 mit Gerhard Schröder. Da war ich gerade Bundeskanzlerin geworden und der Schröder, mein Vorgänger, tat so, als wäre er in einem ganz anderen Film und hätte selbst die Wahl gewonnen. Du sagtest in der Analyse, dass alles »gut« gewesen sei. Hä? Ich fand fast nichts gut! Du warst sieben oder sogar nur sechs Minuten von den »dunkelnachtenden Schwingen« entfernt.

Hast Du vor der Analyse etwas eingenommen? Irgendwann sagtest Du: »Mats steht im Raum.« Was soll das heißen: »Mats steht im Raum«? So was sagt man wahrscheinlich nur, wenn man vorher was genommen hat. Kokst Du?

Lass uns nicht mehr über dieses Spiel reden. Wie stehst Du zu dem Regenbogenthema? Ich war wirklich wütend auf die UEFA, dass man das Stadion nicht in Regenbogenfarben hatte leuchten lassen dürfen.

Ich weiß, wie das ist, wenn man das Menschenrechtsauge zudrückt, weil man auch die wirtschaftlichen Interessen im Blick haben muss. Ich muss ständig dieses eine Menschenrechtsauge zudrücken, in der Türkei, in China und anderen Ländern, aber in diesem Fall jetzt mit Ungarn? Nein, da mache ich es ganz weit auf! Da ist es mir auch egal, dass ich erst durch die Grenzöffnung in Ungarn Kanzlerin werden konnte, ohne Ungarn hätte es ja keinen Mauerfall gegeben. Aber bei der Sache mit dem Regebogen ist mir das egal, selbst dass unsere deutschen Autos in Ungarn zusammengebaut werden, ist mir egal.

Vielleicht hätten sich nach dem Tor von Goretzka alle unsere Spieler küssen müssen, vor der ungarischen Fankurve, als Regenbogenzeichen?

Ich mag Zartheit unter Männern. Wenn Du 16 Jahre als Bundeskanzlerin mit diesen Machos wie Putin, Orbán, Erdoğan, Trump, Busch, Berlusconi, Sarkozy und Konsorten zu tun hattest, dann sehnst Du Dich nach zarteren Menschen.

Als es anfing, heftig zu regnen, dachte ich, siehe da: Gott ist divers. Gleich lässt er auch die Sonne durchbrechen und dann kommt der Regenbogen wie ein Wunder von alleine.

Grau und trüb und immer trüber
Kommt das Wetter angezogen,
Blitz und Donner sind vorüber,
Euch erquickt ein Regenbogen.

Das ist von Goethe. Aber Orbán, Putin oder Erdoğan sind wie ein Gewitter bei Nacht, auf das kein Regenbogen folgt.

Orbán hat auch null Humor. Einmal hat Jean-Claude Juncker (meist halb betrunken) auf irgend so einem sinnlosen EU-Treffen zu ihm gesagt: »Na, Viktor, ist in Ungarn auch bald Sex bei Beleuchtung gesetzeswidrig?« Ich dachte, ich hör nicht richtig, aber keine Spur von einem Lächeln auf Orbáns Lippen. Dabei ist das ungarische Volk so heiter. Ein Ungar ohne Humor ist wie ein Butterbrot ohne Butter, hat man mir in meiner Jugend beim Baden im schönen Plattensee erklärt.

Ich muss Schluss machen, ich muss nach Brüssel, mein allerletzter EU-Gipfel. Und Dienstag spielen wir gegen England! Der Klassiker! Du hast ja gesagt, dass das gegen England »auch gut« wird. Hoffen wir's. Sonst steck ich euch in eine harte Quarantäne. Die holden Wünsche sollen blühen und blühen und blühen und blühen. Diesmal bitte ohne Welken, das halte ich nicht noch mal aus. Kommt mit einem Sieg und ohne Delta-Variante nach Hause. Und sag danach nicht wieder so entrückte Sachen.

Deine Angela

4. Brief: Nun gehst du dahin

England besiegte Deutschland verdient im Wembley-Stadion in London mit 2:0. Müller hatte noch die riesige Chance zum 1:1-Ausgleich, doch er vergab sie. Die deutsche Mannschaft schied aus, es war das letzte Spiel des Bundestrainers. Der folgende Brief handelt nun endgültig vom Abschied, auch von der Angst, wie es sein wird, wenn der Tag gekommen ist.

Lieber Jogi,
nach dem Schlusspfiff zog gleich ein Gewitter bei mir in Berlin-Mitte auf. Es donnerte und der Himmel verdunkelte sich augenblicklich. Heftiger Regen zerdrückte meine Geranien und Hortensien auf dem Balkon. Ich

schloss die Fenster und zog die Vorhänge zu. Nun war es dunkel, doch noch dunkler war es in mir drin.

Was war das wieder für eine uninspirierte, hasenfüßige, ängstliche Darbietung! Warum geht ihr gegen diese Engländer nicht drauf?! Das sehe ja sogar ich, dass die Engländer limitiert waren! (England ist immer limitiert!), aber euch hat nach gutem Beginn aller Mut verlassen. Wieso lief da nichts über links? Bei mir lief immer alles über links, sonst gäbe es ja noch Volksparteien! Mag Rüdiger den Gosens nicht? Hat Gosens dem Rüdiger ein Escort-Girl ausgespannt oder warum bekam der nie den Ball?!

Warum hat niemand sein Herz in die Hand genommen? Habt ihr nicht die Schweiz gegen Frankreich kämpfen sehen? Ausgerechnet die Schweiz zeigt uns, was Leidenschaft ist! Die Schweiz!!

Und kein intaktes Mannschaftsgefüge, Jogi! Kämpfte da wirklich jeder für jeden? Wart ihr da wirklich miteinander verbunden? Weiß denn Hummels, was Gündoğan im Innersten bewegt? Weiß Gündoğan, wie es Ginters Freundin geht? Weiß Rüdiger, dass Gosens in der Pandemie eine schwere Zeit in Bergamo hatte? Weiß Müller, wie es Halstenbergs Tochter geht? Nein! Und das hat man gesehen! Müllers letzter Schuss war fehlgeleitet von Unwissenheit, von Ahnungslosigkeit.

Und nun ist's dunkel in mir. Ich habe Fußball immer so geliebt, weil man gemeinsam stark ist. Weil man gemeinsam etwas will. Und weil man gemeinsam die Welt bewegt, anders als bei uns in der Politik, wo jeder nur die Welt für sich selbst bewegen will.

Bei Deiner allerletzten Analyse als Bundestrainer fiel

Dir erst der Zettel aus der Hand, dann der Lautsprecher aus dem Ohr, am Ende hing Dein ansonsten so schönes Slim-Fit-Hemd schlaff herunter und Schweinsteiger fing auch fast an zu weinen.

Ach, Jogi, ich hätte Dir so sehr ein Ende mit Kraft gewünscht. Mit Furor. Auch ein Untergang mit Furor, mit Mut und Herz und wehenden Fahnen. Es war nicht nur die fehlende Kaltschnäuzigkeit, nein, es war auch das Fehlen eines schlagenden Herzens. Am Ende bleiben jetzt doch nur wieder Corona und dieses Superspreader-Event von Wembley. (Und wir kriegen hier die Delta-Variante noch in den Ferien! Ich beantrage, die Delta-Variante in »UEFA-Variante« umzubenennen!)

Du hast vor dem Spiel gesagt, dass der DFB euch Peter Maffay ins Trainingscamp geschickt hat. Zur Motivation. »Über sieben Brücken musst du gehen ...« Nun seid ihr nicht mal über die vierte Brücke gekommen. Was ist der DFB eigentlich für ein verknöcherter Laden, euch Peter Maffay zu schicken? Was sollen denn die Jungen bei euch mit Peter Maffay?? Der tolle Torwart der Schweiz hat gesagt, er möchte, dass Robert De Niro ihn und den heldenhaften Kampf der Schweizer in einem Film darstellt. Toll. Und wer soll uns darstellen? Nimmt der DFB Heinz Rühmann?

Du hast so traurig gewirkt. Das tut mir von Herzen leid, bei aller Kritik, die ich hier mal kundtun musste.

Dein Abgang in die Umkleidekabine erinnerte mich an ein Gemälde des Malers Edvard Munch. Es trägt den Titel *Verzweiflung*. (Habe den Munch-Katalog gerade auf dem Schoß).

Ich sehe eine Figur, Dir nicht unähnlich (!), die sich mit

dunkel umrandeten Augen und gebeugter Pose von den Menschen abwendet und weggeht. Ich werde Dir den Katalog schicken!

Auch bei mir in Berlin-Mitte riss plötzlich, wie bei Munch, der Himmel wieder auf und man sah das ganze Spektrum der inneren Seele unseres Landes aus dunklen Gewitterwolken und blutroter Feuersbrunst. Leider hat Letzteres gegen England gefehlt.

Nun gehst Du, wie auf dem Bild, dahin. Und niemand weiß, wohin. Nicht einmal ich.

Deine Angela (for ever)

VII Die Qual der Liebenden

1 Drei Tage in Katar

Berlin/Doha, im Oktober 2022 –
einen Monat vor Beginn der Winter-WM

Die Reise nach Katar beginnt mit einem Kampf gegen eine App. Sie heißt *Ehteraz* und man kann Tage damit verbringen, sie einzurichten. Die App soll als Corona-App zur Kontaktverfolgung dienen, jeder in Katar muss sie haben, sonst drohen Strafen. *Ehteraz* funktioniert aber nur mit einer katarischen SIM-Karte, worauf man erst einmal kommen muss, vielleicht sollte die deutsche Botschaft in Katar für die Winter-WM 2022 einen *Ehteraz*-Beauftragten einstellen, falls sich wirklich jemand aus Deutschland dort Fußballspiele anschauen will.

Am Flughafen in Katar kaufe ich mir also eine katarische SIM-Karte, die mir von einem philippinischen SIM-Karten-Verkäufer nach dem Screening meines Reisepasses ins Smartphone eingesetzt wird. Nach dem Verlassen des Flughafens hat das Emirat bereits alles: meinen dreimal gescannten Pass, mein fotografiertes Gesicht, meinen Fingerabdruck und die Kontrolle über mein Telefon kraft der *Ehteraz*-App, die automatisch Bluetooth auf Dauerbetrieb stellt, andere Apps außer Kraft setzt und meinen Schlafmodus deaktiviert. Man könnte *Ehteraz* auch die »George-Orwell-App« nennen.

Ich bin auf Einladung der deutschen Botschaft und des Goethe-Instituts in Katar und soll an einer Podiumsdiskussion teilnehmen. »You live there, the Torch-Tower«, sagt Raul, der philippinische Fahrer. Er zeigt schnell auf einen riesigen Turm in der Ferne, der wie eine Fackel aussieht, auf der immer wieder der goldene Pokal erstrahlt. Ich wohne in einem gigantischen FIFA-WM-Pokal in Form einer olympischen Fackel, so groß wie ein Wolkenkratzer. Alles im Zimmer bediene ich mit dem The-Torch-iPad: Licht, Vorhänge, TV, die Kaffeemaschine, die Spülung – so habe ich in meinen ganzen Reisejahren mit dem Goethe-Institut noch nie gewohnt. Der Torch-Tower steht westlich von Doha, in ar-Rayyan, genau neben dem Khalifa International Stadium, in dem die deutsche Mannschaft ihr erstes Gruppenspiel gegen Japan bestreiten wird. Aus meinem Zimmer blicke ich auf das wellenförmige Dach und die dunkelrote FIFA-Deko, mit der das Stadion verkleidet ist.

Am nächsten Morgen laufe ich sofort dorthin, alles ist schon weiträumig abgesperrt. Es ist Ende Oktober noch wahnsinnig heiß, 35 Grad. Ich schließe mich einer Gruppe von ungefähr 300 Menschen für eine Stadionbesichtigung an und irgendwann fällt mir auf, dass es nur Männer sind, Asiaten – ich laufe gerade, zusammen mit Nepalesen, Bengalis und Indern, durch die Bannmeile zu einer Arbeitsschicht im Khalifa Stadium.

Ein Polizist winkt mich heraus und fragt, für wen ich arbeite. »Goethe«, sage ich und beeile mich, aus der Bannmeile herauszukommen.

Mein Blick fällt auf einen Schuh, der völlig verkalkt auf dem Boden liegt. Ich suche mir eine Position, um den Schuh zu fotografieren, möglichst kontrastiert mit einem FIFA-Schriftzug im Hintergrund. Ich habe natürlich alle Human-Rights-Watch- und Amnesty-International-Berichte über die Situation der Arbeitsmigranten in Katar gelesen: über das sogenannte »Kafala-System«, das sie zum Eigentum ihrer »Sponsoren« macht, über die Arbeitsbedingungen bei 50 Grad im Schatten, über die unmenschlichen Unterbringungen, die Beschlagnahmung ihrer Reisepässe und ihr monatelanges Warten auf den Arbeitslohn, nachdem sie Vermittlungsagenturen bezahlt hatten, um überhaupt nach Katar zu kommen. Und über die Hitzetoten, die laut katarischen Behörden alle eines natürlichen Todes (»natural death«) gestorben seien. Entweder seien es mehr als 15 000 gewesen (zwischen 2010 und 2019), wie Amnesty berichtete, oder 6500, wie der *Guardian* recherchierte. Oder drei (von ungefähr 300 000 Arbeitern im Stadionbau), wie jetzt das Organisationskomitee der FIFA mitteilte, dazu weitere 37 Todesfälle als »Non-Work-Related Deaths«.

Mein Gott, was soll das nur für eine schreckliche WM werden, bei der man sich im Vorfeld über die Anzahl der Toten streitet? Vielleicht hätte ich die Einladung der deutschen Botschaft und des Goethe-Instituts auch gar nicht annehmen dürfen, denke ich, als ich mich in der Bannmeile niederknie, um für mein Schuh-Foto den richtigen Winkel zu den FIFA-Qatar-Schriftzügen im Hintergrund zu finden.

Ein weiterer Polizist läuft auf mich zu und weist mich daraufhin, dass ich hier keine Fotos machen dürfe.

»It's only the shoe«, sage ich.

»No shoe!«, sagt er.

Am Nachmittag werde ich abgeholt und zum neuen Sportmuseum gebracht, wo meine Podiumsdiskussion stattfindet. Ich frage Raul, ob er Kinder habe, und er erzählt mir von seinem neunjährigen Jungen in Manila, den er erst viermal in seinem Leben gesehen habe, weil er nur alle paar Jahre nach Hause fliegen könne. Er fragt, ob ich Kinder hätte, und ich schäme mich, weil ich schon nach zwei Tagen schreckliche Sehnsucht nach ihnen habe.

Auf meinem Schoß liegen die Papiere für das Podium *Football meets Art* und ich überlege mir einen Satz, den ich trotz *Ehteraz*-App, Scharia und absoluter Monarchie in Katar ungestraft sagen könnte. Mir fällt aber nur Brecht ein, *Fragen eines lesenden Arbeiters: Wer baute das siebentorige Theben? In den Büchern stehen die Namen der Könige. Haben die Könige die Felsbrocken herangeschleppt?*

Ich googele noch die acht WM-Stadien in Katar, sechs sind tatsächlich extra für die WM gebaut worden, im Umkreis von 50 Kilometern. Wenn man die Bannmeilen um die Stadien zusammenzählt, werden die Menschen in Katar gar nicht mehr aus dem Haus gehen können, allzu viele Quadratmeter bleiben da wohl nicht übrig.

Auf dem Podium sitze ich mit dem Künstler Tomislav Topic, der gerade in Doha eine WM-Lichtinstallation einrichtet, und Ibrahim Khalfan, einem katarischen Nationalspieler aus den Achtzigerjahren, der einmal bei einem Asien-Cup das umjubelte Führungstor gegen Syrien geschossen hat und nun Maler ist. »Muss man auf einem Podium in Katar irgendwas beachten?«, fragte ich Fareed Majari, den Moderator, der das Goethe-Institut in Abu Dhabi leitet. Majari, in Iran geboren, schüttelt den Kopf. Eine Mitarbeiterin der deutschen Botschaft weist noch auf die Reformen hin, die die WM-Ausrichtung in Katar erzwungen habe, die Abschaffung des Kafala-Systems und bessere Arbeitsbedingungen für die Migranten.

Der Erste, den ich nach den Reformen frage, ist der pakistanische Tontechniker, der mir das Headset an den Ohren befestigt. Sein Vater, der im Stadionbau eine leitende Funktion ausübt, sei seit einem halben Jahr nicht mehr bezahlt worden, die Reformen seien zwar beschlossen worden, aber niemand würde sie durchsetzen und ein Arbeitsrecht oder gar Anwälte gebe es für sie nicht. Ob er sich trotzdem auf die WM freue, frage ich, und er antwortet so leise, dass ich ihn nicht verstehe.

Auf dem Podium sage ich als Erstes, dass es diese WM niemals ohne all die Pakistani, Nepalesen, Inder, Bengalis oder Philippiner geben würde, genauso, wie es ohne solche Arbeiter auch kein siebentoriges Theben gegeben hätte, kein Babylon, kein Rom mit Triumphbögen, keine chinesische Mauer, keine Pyramiden. Thank you very much.

Der katarische Ex-Nationalspieler rutscht auf seinem Sessel hin und her und sagt, dass es wichtig sei, hier über die Kunst zu sprechen. Ich nicke freundlich und der Moderator fragt nach der sozialen Verantwortung des Fußballs.

Der Lichtkünstler erzählt vom FC St. Pauli, der sich für die Homosexuellen einsetze, und ich ergänze, ich wünschte mir, dass sich bei der WM in Katar der erste aktive homosexuelle Spieler oute. Nun rutschen auch die Zuhörerinnen im Publikum auf ihren Sitzen hin und her, sie tragen Kopftücher und sind Töchter des katarischen Ex-Nationalspielers. Mehr Publikum ist auch nicht gekommen. Nur eine südafrikanische Frau, die mit ihrer Familie in Doha lebt und mich fragt, ob ich denn für Katar nicht gebrieft worden sei.

Der Lichtkünstler flüstert mir beim Hinausgehen zu, er beleuchte natürlich nicht einfach nur Doha, seine Installation leuchte in den Nationalfarben von Nepal, Indien und Bangladesch, das habe nur bisher keiner bemerkt und ich solle es auch niemandem sagen, sonst müsse er seine Installation wieder abbauen. Ich entscheide mich sofort, es trotzdem zu schreiben, ich will so eine Art positiven Documenta-Skandal. Wenn der Lichtkünstler sein Werk abbauen muss, schaut die ganze Welt zu!

Am nächsten Tag lädt die Deutsche Botschaft ins glamouröse St. Regis-Hotel zum »German National Day«, der traditionell Ende Oktober stattfindet, weil es vorher noch zu heiß ist. Philippiner servieren Häppchen auf der Ballroom Terrace zwischen den ausgestellten Limousinen der Sponsoren zu Beethoven-Klängen und deutscher Hymne. Ich stehe herum und höre einem deutschen Geschäftsmann am Nebentisch zu, der etwas über die Rüstungsexporte nach Katar erzählt. »Ich höre sie auch manchmal ballern«, sagt er und ich überlege, wieder zurück in mein FIFA-Pokalhotel zu fahren, bis plötzlich der deutsche Botschafter Claudius Fischbach eine Rede hält und sich bei den Nepalesen, Indern und all den anderen für die WM bedankt. Wow, denke ich, das ist der richtige Botschafter für Katar!

Raul, der Fahrer, freut sich immer so, wenn man mit ihm spricht. Auch Nima, eine der jungen nepalesischen Frauen im Hotel, strahlt, wenn ich sie etwas über Nepal frage. Oder der Tontechniker aus Pakistan. Wenn man nach Katar reist, reist man eigentlich in diese Länder. Der Fußballspieler und Maler auf dem Podium war der einzige Katarer, mit dem ich in Katar gesprochen habe. Wenn die Seele eines Landes die Menschen sind, ihre Gesichter und ihr Lächeln, dann hat Katar vermutlich gar keine Seele.

In meinem Hotelzimmer lese ich eine Mitteilung von *Ehteraz*, mein Standort sei die letzten zwei Tage zwölfmal im Hintergrund verwendet worden. Ich versuche mit dem Torch-iPad die Sicherung der Tür zu aktivieren, dann gehen aber plötzlich die Vorhänge auf und nicht wieder zu. Vielleicht hat die *Ehteraz*-App auch Zugriff auf das Torch-iPad, denke ich und starre die ganze Nacht auf das Khalifa-Stadion.

Am nächsten Morgen überlege ich, ins Museum für islamische Kunst zu fahren oder auf der berühmten Corniche-Promenade zu flanieren, dann aber laufe ich wieder zum Stadion. Diesmal nehme ich die Lieferanteneinfahrt und suche die Stelle, wo ich den Schuh gesehen habe. Er liegt immer noch da. Ich schaue mich nach Polizisten um, dann knie ich mich hin.

Das Foto wird keinen Pulitzerpreis gewinnen, aber mich rührt dieser Schuh. Vielleicht steht er für all die Menschen, die ich hier gesehen habe und die seit Jahren ohne ihre Frauen, Kinder oder Eltern leben, um Katar eine WM zu schenken.

2 Die Qual der Liebenden

Es gibt einen schönen Satz von Goethe aus den *Wahlverwandt-schaften: Der Hass ist parteiisch, aber die Liebe ist es noch mehr.* Vielleicht wissen das die FIFA und die Gastgeber der WM in Katar: Wir lieben den Fußball noch mehr als wir sie, die ihn verkaufen und verraten, hassen können.

Ich spiele in der deutschen Autorennationalmannschaft. Das ist ein 2005 gegründetes Fußballteam aus Schriftstellern, die sich jede Woche treffen, um auf einem viel zu harten und stumpfen Kunstrasenplatz in Berlin-Mitte zu trainieren und Spiele auszutragen. Und wir freuen uns alle vier Jahre auf die Weltmeisterschaft. Aber nun das, eine WM in Katar.

Manche im Team sprechen über die WM wie Goethes Werther über seine abgöttisch geliebte, ja heilige Lotte, in die er sich beim »Kontertanz« verliebte. Aber dann taucht ihr unsympathischer Verlobter auf, ein Geschäftsmann, und Werther schwört sich, sie nicht mehr zu besuchen. Vielleicht erst wieder ab dem Viertelfinale! Oder ausnahmsweise noch vorher zum Gruppenspiel Deutschland gegen Spanien. Oder Argentinien gegen Mexiko in Gruppe C. Oder vielleicht auch Brasilien gegen die Schweiz, Gruppe G, und eventuell noch Gruppe A: die Niederlande gegen den Senegal …

Der Hass ist parteiisch, die Liebe ist es noch mehr.

Dabei wäre ein Boykott so vernünftig. Letzte Nacht träumte ich vom ersten deutschen Spiel gegen Japan. Beim Anstoß schoss Serge Gnabry zur Verblüffung der Katarer und der Weltöffentlichkeit den Ball mit einer amateurhaften Pike auf die Tribüne. Danach machten die Japaner einen Einwurf, während Manuel Neuer seinen Innenverteidiger Antonio Rüdiger inniglich küsste und Joshua Kimmich und Leon Goretzka und der Rest der Mannschaft begannen, sich auszuziehen, bis sie alle nackt auf dem Platz standen, nur Neuer trug noch seine *One-Love*-Binde.

Alle anderen Mannschaften folgten dem deutschen Beispiel und die FIFA musste sie laut Reglement alle disqualifizieren. Am Ende standen Katar und der Iran im Finale, und Präsident Infantino brach bei der Pokalübergabe zusammen und die FIFA war endlich tot.

Manchmal tut es mir leid für die Spieler, dass ich mir insgeheim so etwas Revolutionäres von ihnen erhoffe. Damals haben Paul Breitner und Kollegen mit Michael Schanze vor der WM *Olé España* aufgenommen oder Lothar Matthäus & Co mit Udo Jürgens *Wir sind schon auf dem Brenner*. Heute sitzen Kimmich und Schlotterbeck in Menschenrechtsseminaren, die ihnen der DFB aufbrummt.

Aber es werden, bis auf Neuers Binde und vielleicht ein paar Gesten von Goretzka, wenige Zeichen kommen, man wird in Katar hauptsächlich Fußball spielen.

Meine Reise nach Katar Ende Oktober war, glaube ich, ein Missverständnis. Offenbar hatte man sich von mir erhofft, dass ich vermittle, die Reformbemühungen der Katarer beschreibe, die Verbesserungen der Arbeitsbedingungen für die Migranten hervorhebe, mich offen zeige.

Aber ich hatte das Gefühl, erst einmal rechtfertigen zu müssen, warum ich überhaupt nach Katar gereist war. In Doha saß ich auf einem Podium mit einem katarischen Ex-Nationalspieler, der offenbar als Nationalheld gilt. Ich sagte ihm als Erstes, dass man die WM den migrantischen Arbeitern widmen und sie auch entschädigen müsse; danach erklärte ich, dass ich mir erhoffe, ein homosexueller Spieler würde sich bei der WM in Katar outen, als erster aktiver Profi überhaupt.

Der katarische Nationalheld sah mich entsetzt an, aber ich fühlte mich beobachtet, von Deutschland aus.

In Katar zu sein, kam mir vor wie ein moralisches Vergehen und deshalb wollte ich so gar nicht diplomatisch und vermittelnd im Sinne der deutschen Botschaft sein. Als dann Katars offizieller WM-Botschafter, ein früherer Mannschaftskollege meines Gesprächspartners, im ZDF erklärte, Homosexualität sei eine »geistige Krankheit«, war ich jedoch heilfroh, mich in Katar so geäußert zu haben.

Ich lief drei Tage durch Doha und sah nicht ein einziges Kind mit einem Ball. Ich sah nicht einen einzigen Bolzplatz, nur Beton, Autobahnen, Shopping Malls, Wolkenkratzer, Migranten in der Hitze in den Stadien und Katarer in großen weißen Autos oder beim Teetrinken in marmoriert-goldenen Hotellobbys. Draußen war es mir zu heiß, drinnen erfror ich wegen der Klimaanlage. Ich redete nur mit Nepalesen oder Bengalen, die sich freuten, wenn man sie ansprach, und der einzige Katarer, den ich überhaupt getroffen hatte, war der Nationalheld, der mich danach keines Blickes mehr würdigte. Und ich war noch nie so froh, wieder auf dem Flughafen Berlin-Brandenburg zu landen.

Und trotzdem, verdammte Scheiße, freue ich mich auf diese absurde WM. Ja, schon allein wegen meines Sohnes, der wie ein Verrückter dieser WM entgegenfiebert – wie ich 1978 der WM in Argentinien, damals hatte ich auch keine Ahnung von den Hintergründen.

Nachmittags ging ich noch mit meinem Vater schwimmen, am Abend sahen wir das Eröffnungsspiel Deutschland gegen Polen zusammen. Sepp Maier stand im Tor, Rummenigge stürmte, es endete 0:0. Ich sehe noch diesen Krankl vor mir, wie er am 21. Juni in Córdoba jubelnd abdrehte, nachdem er das 3:2 für Österreich gegen die Deutschen geschossen hatte; ich sehe den argentinischen Torschützenkönig Mario Kempes im Finale, wie er mit einem Sololauf in der Verlängerung das entscheidende Tor für Argentinien erzielte.

Mit den Jahren hat das Wissen um die Umstände, die Diktatur, Folter und die Verbrechen, die helle, kindliche Freude von damals verdunkelt. Wenn ich heute daran denke, sind die hellen Bilder überlagert vom Blut Kempes, das ihm im Finale aus der Nase über das blau-weiß gestreifte Trikot lief.

Über 40 Jahre später sind die Fußballweltmeisterschaften schon blutverfärbt und verdunkelt, bevor sie überhaupt begonnen haben. Was erzähle ich meinem Sohn, wenn er jetzt, 2022, sein erstes Turnier mit heller Freude erwartet?

Vielleicht muss man als Vater die Wirklichkeit umlügen, um die WM-Freuden des Sohnes zu bewahren.

Erzähle ich meinem Sohn, dass es einmal eine FIFA-Ethikkommission gab, die befand, es gebe aus ethischer Perspektive gegen ein Turnier in Katar nichts einzuwenden? Dass ein 360-seitiger Abschlussbericht eines Chefermittlers existiert, der von der FIFA geheim gehalten wird? Korruption, Bestechung, Menschenrechtsverletzung, Zwangsarbeiter, Tote – soll es nie gegeben haben? Soll ich meinem Sohn erzählen, dass die WM absurderweise im Winter stattfindet, weil ich sie ihm zu Weihnachten schenken wollte? Dass die FIFA es mit ihrem ganzen Geld geschafft hat, die Arbeitsmigranten, die in der Hitze gestorben oder die wegen fehlender Sicherheitsvorkehrungen in die Tiefe gestürzt sind, wieder lebendig zu machen?

Am Ende habe ich ihm alles über die moderne Sklaverei des Kafala-Systems in Katar erzählt, über die Arbeiter, die beim Bau der Stadien gestorben sind, über das Blut, das diese WM vergossen hat – ich habe es ähnlich wie das ZDF und die ARD mit all ihren kritischen Reportagen im Vorfeld der WM gemacht, nur um dann mit einem Rest von gutem Gewissen die deutschen Spiele zu gucken.

Der Hass ist parteiisch, die Liebe ist es noch mehr.

Und ein bisschen habe ich mich in den letzten Tagen auch darüber geärgert, dass man jetzt ausgerechnet von uns Fußballliebenden moralische Standhaftigkeit erwartet. Auf die deutsch-katarische Handelspolitik wird irgendwie anders geschaut: Der deutsche Wirtschaftsminister Robert Habeck verneigt sich vor dem katarischen Energieminister in Doha für die Gasversorgung, aber wir Fußballfans sollen jetzt die Aufrechten sein.

Und was ist mit all den Volkswagen, die durch unser Land fahren? Der katarische Staatsfonds besitzt 14 Prozent des VW-Konzerns, ein katarischer Minister sitzt sogar in Wolfsburg im Aufsichtsrat. Müsste man nicht auch alle Siemens-Geräte abschalten und ausstöpseln, das Deutsche-Bank-Konto kündigen, nichts mit Hochtief bauen, keine Reise bei Hapag-Lloyd buchen, keine Energie bei RWE beziehen oder nie wieder ein Bayern-München-Spiel schauen?

Die Katarer kaufen sich deutsche Firmen, berühmte Fußballvereine, alte weiße und schwarze Männer im FIFA-Exekutivkomitee, Ex-Profis wie Beckham oder auch Rummenigge mit Rolex-Uhren, damit sie gute Stimmung für eine Winter-WM machen; sie kaufen einfach alles, von Gauguin bis Lothar Matthäus, plus Stararchitekten, Rennpferde, die Taliban, Juwelen, Luxushotels, halb London, Paris, sie kaufen die Welt.

Während sich so viele kaufen lassen, sollen allein wir Fußballliebenden widerstehen, bloß nicht auf die Fernbedienung drücken, dabei hatten alle anderen 13 Jahre Zeit, diesen Irrsinn in Katar irgendwie abzuwenden.

Und das Schlimme ist: Die FIFA weiß um die Schwäche der Liebenden. Deshalb traut sie sich ja überhaupt, mit unserer Geliebten so lange so schändlich umzugehen.

3 Die große Umoperation

Und das mögliche Ende des schönsten Spiels der Welt

August 2023 – vorgezogenes Nachwort

Man könnte, man müsste sich jetzt vielleicht endlich an die Trennung gewöhnen. Sich darauf einstellen, wie es ohne sie ist, diese große Liebe. Sie einfach eine Weile nicht mehr anschauen, auch wenn es schwerfällt, weil sie so schön, so wahnsinnig schön und unendlich reich an Geschichten ist – und das seit unseren Kindertagen.

Bei der WM in Russland rang ich schon mit ihr, vor der WM in Katar wollte ich sie endgültig in die Wüste schicken, aber je näher das Halbfinale oder Finale rückte, umso schwächer wurde ich.

Scheiß Fußball, geliebter Fußball

Richtig schwindelig ist mir bei dieser Nachricht geworden: Neymar wechselt von Paris Saint-Germain zum saudi-arabischen Verein Al-Hilal, von dem ich bis dahin noch nie etwas gehört hatte. Warum wechselt einer der begabtesten und noch gar nicht so alten Fußballspieler von Paris zu Al-Hilal? Das wäre so, als würde Mozart als Konzertmeister von Salzburg zur Portsmouth Sinfonia wechseln, dem angeblich schlechtesten Orchester aller Zeiten (jeder spielt ein Instrument, das er nicht beherrscht).

Die Ablösesumme von 80 oder 90 Millionen Euro ist ja

Peanuts, wenn man sich die anderen Vertragsdetails anschaut: 200 Millionen Euro Gehalt, Privatjet, Luxusautos, plusplusplus und – jetzt kommt's – 500 000 Euro für jeden Post, den Neymar in den Sozialen Medien absetzt und dabei Saudi-Arabien bewirbt.

Neymar hat seinen Wechsel damit begründet, dass er der saudi-arabischen Liga beim »Wachsen« helfen wolle, ich habe dieses Zitat mehrmals gelesen, lese aber statt »Wachsen« immer irgendwie »Waschen«: »Sportswashing« ist eine politische Investitionsstrategie, um das Image eines Landes durch glamouröse Sportereignisse aufzuwerten und die Macht auszubauen.

Dabei ist es keine fünf Jahre her, dass Jamal Khashoggi, der saudi-arabische Journalist und Kritiker des saudi-arabischen Kronprinzen, im Konsulat seines Landes in Istanbul spurlos verschwunden ist.

13 Minuten bevor Khashoggi das Konsulat betrat, unterhielten sich dort zwei Agenten darüber, ob es möglich sei, »den Rumpf in eine Tasche zu packen«. Das ist auf Tonbändern des türkischen Geheimdienstes zu hören, der Gespräche im Inneren des Konsulats mitgeschnitten hat. »Kein Problem«, sagte eine andere Stimme, »wir durchtrennen die Gelenke. Am Anfang schneide ich auf dem Boden. Wenn wir Plastikbeutel nehmen und ihn in Stücke schneiden, ist es geschafft. Wir werden jedes Teil einwickeln.«

Das Land, das Regimegegner zerstückelt und Frauen wie Salma al-Shehab und Nourah al-Qahtani für 27 beziehungsweise 45 Jahre wegsperrt, weil sie Tweets von Frauenrechtlerinnen teilen, scheint sehr begabt darin zu sein, den sich stets auf seine Werte berufenden Westen immer weiter in seine Waschstraßen zu leiten. Erst im Mai ließ sich ein Mitarbeiter des deutschen Wirtschaftsministeriums von den Saudis seine Reise bezahlen und nahm ausgerechnet an einem traditionellen Säbeltanz teil. Auf einem Foto posiert er lächelnd neben Mitgliedern der saudischen Regierung, die mit gehobenen Säbeln dastehen.

Für 2030 hat sich Saudi-Arabien für die Ausrichtung der EXPO 2030 beworben. Ihr vorgeschlagenes Thema: *The Era of Change: Together for a Foresighted Tomorrow.* Die Weltorganisation gegen Folter (OMCT) hat im Mai 2023 in einem offenen Brief an das Vergabekomitee gefragt, wie das gehen solle, *gemeinsam für ein vorausschauendes Morgen* bei gleichzeitiger Zerstückelung von Journalisten und 147 Hinrichtungen im Jahr 2022, mehr als doppelt so viele wie im Jahr zuvor?

Besonders hilfreich fürs Hineinleiten des Moralwestens in die Waschstraßen der Saudis war die Ukraine-Konferenz in einem Luxushotel der saudischen Hafenstadt Dschidda. Die saudische Global-Player-Flagge wehte erhaben zwischen der ukrainischen und der russischen.

Ich selbst war auch einmal in der Waschstraße. Auf Einladung der deutschen Botschaft in Riad reiste ich mit der deutschen Autorennationalmannschaft 2008 nach Riad. Wir sollten gegen saudische Schriftsteller spielen, die es in Saudi-Arabien aber offenbar gar nicht so wirklich gibt, weil jedes kritische Wort bestraft wird. Also spielten wir nichts ahnend gegen die saudischen Nationalspieler, die 2002 bei der WM in Japan gegen Deutschland 0:8 verloren hatten. Nun verloren wir, aber man schenkte uns eine echte Goldschale. Nach der Verurteilung des saudischen Bloggers Raif Badawi zu 1000 Stockschlägen schmolz mein Goldschmiedevater in Worpswede die Schale ein, wir verkauften das Gold und spendeten den Ertrag. Aber kann man eine Expo im Nachhinein einschmelzen?

Zu der Zeit unserer Reise nach Riad gab es noch keine Stars in der Saudi Professional League. Aber nun sind neben Neymar auch Cristiano Ronaldo, Karim Benzema und Sadio Mané da, weitere kommen, sogar der so sympathische marokkanische WM-Torhüter Bono wechselt zu Al-Hilal. Auch der aktuell wahrscheinlich beste Fußballer, Kilian Mbappé, hatte ein Angebot von Al-Hilal vorliegen: 700 Millionen Euro Gehalt, für ein Jahr.

Dieses verfluchte Geld.

Als meine Nichte heiratete, saß ich neben einer ihrer Freundinnen. Sie zeigte mir plötzlich Fotos von ihr und Neymar. Sie hätten sich auf Instagram kennengelernt und sich verabredet. Nach der ersten Nacht mit Neymar hätte sie überlegt, sich ihre Brüste vergrößern zu lassen, denn Neymar stehe eigentlich nur auf operierte Frauen, wie mir meine Nichte später erklärte. »Aber deine Freundin ist 28, bildhübsch, warum operieren?«, fragte ich. »Weil die Welt, in der diese Leute leben, so tickt«, antwortete die Nichte, »das Natürliche gilt nicht mehr als anziehend.«

Beim ersten großen Neymar-Transfer 2017 hatte ich noch keinen Hass empfunden, eher Fassungslosigkeit – es war der teuerste Transfer in der Fußballgeschichte. 222 Millionen Euro bezahlte Paris für Neymars Wechsel vom FC Barcelona. Angeblich musste er die Summe selbst überweisen, weil der FC Barcelona sich geweigert hatte, mit Paris zu verhandeln. Wie hat Neymar das damals wohl gemacht? Per Onlinebanking? Brachte er die 222 Millionen in Geldkoffern persönlich nach Barcelona? Wie viele Koffer brauchte er? Ich errechnete, dass 222 Millionen in Ein-Euro-Münzen einen Turm von 517 Kilometern Höhe ergaben oder eine Ein-Euro-Kette von 5161 Kilometern Länge, das wäre eine Geldkette von Paris bis nach Katar!

Natürlich war es nicht Neymars eigenes Geld. Er flog vorher nach Katar und bekam es dort, das Emirat ist ja Eigentümer von Paris St. Germain. Neymar musste dafür nur als Botschafter für die WM 2022 in Katar werben.

Es war schon damals schwer, das meinem Fußballherzen zu erklären. Die, die gerade die Stadien für das große WM-Fußballfest bauten, fielen im reichsten Land der Welt vor Hunger und Übermüdung von den Baugerüsten, und die Botschafter holten sich ihre absurden Geldsummen im Privatjet ab. Und trotzdem schaute ich am Ende wieder das WM-Finale, freute mich für Argentinien, für Messi (jetzt in Miami, nicht bei den Saudis!).

Kürzlich sah ich Flüchtlinge auf Booten mit alten Fußballtrikots vom FC Barcelona mit dem Logo von Qatar Airways auf der Vorderseite und dem Schriftzug von Unicef auf dem Rücken – in diesem traurigen Bild zeigte sich die ganze verlogene Fußballwelt. Die, die das Spiel wirklich lieben, haben nichts, und die, die es verkörpern, haben alles, was aber lieben sie?

Ich bin über die 222 Millionen nicht hinweggekommen. Damit hätte man 39 Maradonas und vier Zidanes finanzieren können, abgesehen von all den Kindern weltweit, deren Leben man mit nur 40 Cent pro Tag retten könnte. 222 Millionen wäre eine halbe Milliarde Versorgungseinheiten. Man könne das eine nicht gegen das andere aufrechnen, sagte mir damals jemand, aber wieso? Die Zahlen waren ja da, natürlich konnte man das aufrechnen, man konnte sehr wohl berechnen, was man mit 222 Millionen alles machen könnte!

Das Geld ist da und gefragt ist wirtschaftlicher Sachverstand, schrieb das *Handelsblatt* kühl über Neymars damalige Ablösesumme. Man könne auch nicht mehr zurück, sonst würde »das System« zusammenbrechen, also, wenn Katar aus dem Fußball aussteige, würden bald auch Paris Saint-Germain und andere große berühmte Vereine in der Versenkung verschwinden, so sei eben das System.

Aber jetzt, mit dem neuen Neymar-Wechsel, geschieht etwas Neues im System (»The Era of Change«). Ich habe viel über diesen Satz meiner Nichte nachgedacht. Es ist vermutlich der Anfang einer schrecklichen Umoperation, immer weitere Riesentalente werden nicht mehr das natürliche sportliche Verlangen empfinden, zu den besten zu gehören, in den besten Ligen zu spielen, sondern sie werden sich für die künstliche, aufgespritzte, umoperierte Neymar-Welt entscheiden.

Das wird der Moment sein, in dem sich dieser Sport, dieses schöne Spiel, vor lauter Gier selbst verschlingen und auflösen wird. Die Seele des Fußballs war immer das Kindliche in uns, die Lust am Spiel und am Gewinnen, doch gegen all das Geld, die Gier und die Macht der künstlichen Fußballwelt kommt unser Spiel nicht mehr an.

Mein achtjähriger Sohn, der auf meinem Handy ständig die Transfermarkt-Webseite öffnet, sagt über den Neymar-Wechsel, dass er zwar auch gerne mal in einem Luxusauto fahren würde, aber wegen solcher Sachen in ein Land zu gehen, das zum Beispiel seine Mutter einsperren würde – das sei »ehrenlos«. Mads, sein Freund, sagt das auch, »ehrenlos«. Vielleicht gibt es ja noch Hoffnung, wenn die fußballliebenden Kinder das so sehen. Sein altes Neymar-Trikot aus der Kitazeit hat mein Sohn gestern entsorgt.

Am 21. August veröffentlichte die Menschenrechtsorganisation Human Rights Watch einen Bericht, in dem es heißt, dass Hunderte äthiopische Migranten von saudischen Grenz-schutzbeamten getötet worden seien, als sie versucht hätten, zwischen März und Juni 2023 die saudisch-jemenitische Grenze zu überqueren. Die Menschen sollen aus nächster Nähe erschossen worden sein, darunter auch Kinder. Am selben Tag erschien das Bild von Neymar, wie er in Saudi-Arabien in einem weißen Anzug aus einer riesigen Boeing des Kronprinzen stieg.

PS: Bald wird die FIFA die Vergabe der WM 2034 nach Saudi-Arabien bekannt geben.

VIII Die Wahrheit liegt in der Wüste

Vier Fußball-Dramolette

1 Liebt ihr wirklich euer Spiel und eure Träume?

Die WM 2022 begann für Deutschland wie die vorherige geendet hatte: mit einer Niederlage. Wochenlang war in Deutschland diskutiert worden, ob Manuel Neuer mit der sogenannten *One-Love*-Binde die Mannschaft anführen sollte, einer weißen Binde, auf der ein Herz in bunten Regenbogenfarben sowie der Slogan *One Love* zu sehen waren. Die Binde sollte bei der umstrittenen WM in Katar als Zeichen gegen Homophobie, Diskriminierung und Rassismus sowie für Toleranz, Offenheit und Menschenrechte stehen. Die FIFA berief sich jedoch auf Ausrüstungsreglements und FIFA-Präsident Gianni Infantino, der »König ohne Haare«, verordnete die FIFA-Binde, verbot das Tragen der *One-Love*-Binde und drohte mit gelben Karten und Punktabzügen. Das Verbot erzürnte die deutsche Öffentlichkeit.

Als die deutschen Spieler vor dem ersten Spiel aus den Katakomben des Khalifa-Stadions kamen und die Hymnen erklangen, dachte ich an die *One-Love*-Kapitänsbinde, die Manuel Neuer in der Kabine zurückgelassen hatte. Stellen wir uns vor, wir wären in einem märchenhaften Drama, in dem diese Binde endlich einmal selbst zu Wort kommt.

One-Love-Binde: Jetzt sind alle weg. Ich bin allein. Ich bin verletzt, nicht am Knie, nicht an der Schulter wie ihr, nein …
  Warum kämpfen sie nicht für mich, warum?
  Der Assistent von Hansi Flick betritt die Kabine. Die One-

Love-Binde starrt ihn erwartungsvoll an, aber der Assistent sucht nur nach seinem Laptop für die Spielanalyse. Dann geht er.

One-Love-Binde *(leise):* Sie kämpfen nicht für mich ... Sie haben Angst vor diesem bösen König ohne Haare! Das ist so entsetzlich ... *(Sie verstummt).*

Das Spiel hat begonnen. Deutschland geht in Führung. In der Halbzeitpause will die One-Love-Binde etwas zu Neuer sagen, aber alle reden so laut, dass sie sich mit ihrer zarten Stimme kein Gehör verschaffen kann.

Dann ist es wieder still und sie ist allein. In der 67. Spielminute wird Thomas Müller ausgewechselt. Er kommt mürrisch in die Kabine.

Müller: Jetzt fehlt die Anspielstation auf der Zehn! Wenn sich das nicht mal rächt!

One-Love-Binde: Räche mich!

Müller: Huch, wer spricht?

One-Love-Binde: Ich, die verratene Binde! Ich liege hier in Neuers Tasche zwischen seinem iPhone und einem Energy-Riegel.

Müller: Ich glaub's ja nicht, du kannst sprechen??

One-Love-Binde: Ja, Müller! Lauf bitte schnell zu Neuer und leg mich um seinen Arm!

Müller: Das geht nicht, das wäre ein Skandal, dann zieht uns die FIFA die drei Punkte wieder ab, die wir gerade gegen Japan trotz mangelnder Effizienz gewinnen!

One-Love-Binde: Wenn du es nicht tust, passiert etwas Fürchterliches. Die Götter, Amor oder Venus, werden euch bestrafen! Glaub mir, ihr steht besser da, wenn euch die FIFA die Punkte abzieht.

Müller *(wühlt in Neuers Tasche und holt die Binde hervor):* Nun hör mal zu, was redest du denn da? Im Endeffekt haben wir doch eine gute Lösung gefunden, wir haben uns beim Gruppenfoto den Mund zugehalten. Das heißt am Ende des Tages: Man hat uns den Mund verboten, aber wir tragen dich trotzdem im Herzen.

One-Love-Binde: Das glaube ich dir nicht. Von dir habe ich mir etwas anderes erwartet, ich dachte immer, du hättest ein Herz!

Müller: Ich habe ein Herz, werd nicht frech, das ist die WM, wir träumen, seit wir spielen, nur von der WM, wir wollen in dieser Scheißwüste den Titel holen! Du denkst nur an dich, du bekommst gleich was auf die Mütze! Wie steht's eigentlich?

One-Love-Binde: Ich habe keine Mütze, ich bin eine Binde. Wäre Jeanne d'Arc nicht in die Schlacht gezogen, wenn man ihr gedroht hätte, sie zu bestrafen? Liebt ihr wirklich euer Spiel und eure Träume? Merkt ihr nicht, dass der Tag gekommen ist, das alles zu verteidigen?

Müller: Das haben wir!

One-Love-Binde: Das habt ihr nicht. Liebe kann nur stark sein, wenn man etwas für sie wagt. Ihr tragt mich nur da, wo es niemanden stört, wo es euren Geschäften sogar dient. Eure Innenministerin sitzt mit einer Kopie von mir auf der Tribüne, hübsch, es wird ihr nützen. Ich bin aber nichts für Umfragewerte, ich bin keine Werbung, kein Schmuck, keine Marke und kein Label, ich bin die Liebe.

Sie hören den Stadionsprecher, der den Ausgleich Japans in der 75. Minute verkündet.

Müller: Verdammt, ich fass es nicht, es steht 1:1! *(Stürzt zu einem Übertragungsmonitor)*

One-Love-Binde: Das ist nur der Anfang … Bring mich schnell auf den Platz!

Müller: Halt den Mund! *(Er starrt auf den Monitor)*

In der 83. Minute erzielt der eingewechselte Takuma Asano für Japan das 2:1. Müller greift nach der One-Love-Binde und hält sie sich vor die Augen.

One-Love-Binde: Wie deine Hände zittern ...

Müller: Schlotterbeck! Was macht denn Schlotterbeck!?! Wieso hebt Süle, der Depp, das Abseits auf, diese Schlotter- äh Schrottabwehr!

One-Love-Binde: Tja ...

Müller: Und was, Himmiherrschaftzaggrament, macht Manu, der ist doch sonst immer Weltklasse, der Neuer?!?!

One-Love-Binde: Der Ball ist wie ein Wunder zwischen der FIFA-Binde und dem Pfosten in die Torwartecke geflogen ... Wie konnte er da nur hindurchkommen?

Müller: Takuma Asano!!! Spielt der nicht für Bochum?! Schießt uns jetzt Bochum aus der WM???

One-Love-Binde: Oder etwas Höheres ...

Müller: Du bist schuld! Du hast uns abgelenkt! Wir waren nicht fokussiert ... Das ist meine letzte WM ...

Müller kommen die Tränen. Die Binde scheint ihn irgendwie umarmen zu wollen.

One-Love-Binde: Es tut mir leid, ich habe dich immer gemocht. Vielleicht nimmst du mich mit ins Spiel gegen Spanien. Ich könnte euch helfen.

Die deutschen Spieler kommen zurück in die Kabine. Es herrscht Totenstille.

2 Das Mentalitätsmonster sagt Adieu

Die deutsche Mannschaft ist bereits zu Hause, die Zeitungen sind voll mit Analysen der Blamage. Zwar gewann man mit 4:2 im letzten Gruppenspiel gegen Costa Rica, aber Japan schlug zeitgleich Spanien, womit Deutschland nur auf dem 3. Gruppenplatz landete. Thomas Müller sitzt im folgenden Drama nach 96 Stunden immer noch in der Kabine des Stadions in Katar, immer noch im Trikot, mit dem er sein vielleicht letztes Länderspiel bestritten hat, aber wer weiß das schon bei Müller. Nun starrt er die Wand an, regungslos, leer, nur manchmal zieht ein zartes Lächeln über sein Gesicht, wenn er an Rio de Janeiro zurückdenkt, an 2014, an den Titel, an den Weltpokal.

Drama über den Niedergang des deutschen Fußballs

Plötzlich hört Müller ein seltsames Geräusch, ein Stöhnen, die Kabinentür geht langsam auf, aber niemand kommt herein. Das ist spooky. Dann sieht er ein seltsames Wesen, es sieht ein bisschen aus wie Gollum aus Herr der Ringe, nur kompakter, es hat aber auch Züge von Matthias Sammer, Lothar Matthäus und Stefan Effenberg. Das Wesen kann kaum laufen, hat die Tür mit dem Kopf aufgestoßen und robbt über den Kabinenboden.

Müller *(erschrocken):* Oh Schreck, was bist denn du??!

Das Wesen ächzt, kann kaum sprechen. Es ist auch ganz glitschig und dreckig und rutscht immer wieder weg. Irgendwann meint Müller zu verstehen.

Müller: Du bist das Mentalitätsmonster?!

Mentalitätsmonster: Ja, das deutsche … *(stöhnt, ächzt)*

Müller: Du kommst echt total spät! Wir sind schon raus!

Mentalitätsmonster: Jesus, Maria und Josef!

Müller: Wo hast du denn gesteckt?!

Mentalitätsmonster: In den Japanern!

Müller: Häh? Wie kann denn das deutsche Mentalitätsmonster in den Japanern stecken??

Mentalitätsmonster: Das frage ich mich auch … Du ahnst nicht, was ich durchgemacht habe! Die Japaner waren die ganze Zeit in Katar hinter mir her, in der Wüste, an der Corniche beim Shoppen, einmal flüchtete ich sogar in die Moschee, aber es nützte nichts. Kurz vor dem ersten Gruppenspiel haben sie mich erwischt. Ritsu Dōan hat mich verschlungen!

Müller: Ritsu Dōan vom SC Freiburg?? Der hat gegen uns und gegen Spanien ein Tor geschossen!

Mentalitätsmonster: Eben, richtig, ich war ja dabei …

Müller: Aber du gehörst doch zu uns! Warum hast du nicht in uns dringesteckt??

Mentalitätsmonster: Warum, warum?? … Weil mich die Japaner haben wollten! Ihr habt euch ja gar nicht um mich bemüht, ich habe sogar um Hilfe geschrien, aber niemand von euch kam! Ihr seid viel zu langsam.

Müller: Jetzt weiß ich wenigstens, wie du aussiehst. Hast schon ein bissel was von Loddar und Effe.

Mentalitätsmonster: Manche sagen, ich hätte die Augen meines

Großvaters Oliver Kahn. Früher hatte ich Haare wie Paul Breitner.

Müller: Aber warum bist du so glitschig?

Mentalitätsmonster: Ich musste mich aus dem Japaner wie durch einen Tunnel herauswinden.

Das Monster robbt mit Mühe auf die Bank neben Müller und schnauft durch.

Müller: Jetzt sitzen wir hier ...

Mentalitätsmonster: Ich wollte eigentlich gar nicht zu dir, sondern zu den Marokkanern. Ich mach das jetzt mit Marokko. Ich will jetzt das marokkanische Mentalitätsmonster werden.

Müller: Dass mir immer so was Irres passieren muss! Nach dem Scheiß-Japanspiel hat mich eine Kapitänsbinde zugetextet, die konnte auch plötzlich sprechen!

Mentalitätsmonster: Die *One-Love*-Binde?

Müller: Ja, der Fußball hat sich verändert. Plötzlich geht es um andere Dinge. Um Menschenrechte und so.

Mentalitätsmonster: Ich finde das gut. Man kann auch als Mentalitätsmonster für die Menschenrechte sein, aber wir passen trotzdem nicht mehr zusammen.

Müller: Du willst dich endgültig trennen?

Mentalitätsmonster: Ich kann mir nicht vorstellen, in Zukunft in Werner oder Schlotterbeck drinzustecken.

Müller: Wie wäre es mit Kimmich oder Goretzka?

Mentalitätsmonster: Ach, der Bayern-Block ... Hatte ich überlegt, aber die Japaner waren gieriger, dreckiger, obwohl sie immer picobello ihre Kabine aufräumen.

Müller: Verlass uns bitte nicht! Bald ist doch EM in Deutschland ...

Mentalitätsmonster: Ach, weißt du, ihr Deutschen macht stän-

dig so einen Zirkus darum, dass ihr »die Guten« seid, dabei
seid ihr einfach nur gute Spießer.

Müller: Ist das jetzt etwa schlecht?

Mentalitätsmonster: Nee, aber nichts für mich. Ich bin ein
Monster der Leidenschaft. Ich will auch mal das Unkor-
rekte, ich will Gier, Dreck, Herz, Eier, Sturm, Drang und
Blut.

Müller: Jetzt weiß ich, wo ich dich gesehen habe. Im WM-Finale in Brasilien, als Bastian Schweinsteiger auf dem Spielfeld getackert wurde. Du hast, glaube ich, einmal kurz aus
der Wunde Schweinsteigers geschaut. Da ging ein Ruck
durch uns alle.

Mentalitätsmonster: Ja, das war ich. Schön, dass du dich erinnerst. Erinnerst du dich auch noch an den Satz von Chris-
toph Kramer, als er im Finale aus seinem Koma erwacht ist?
Ein Argentinier hatte ihn gerammt.

Müller: »Schiri, ist das das Finale? Ich muss das wissen.« Wahn-
sinns-Statement, ich stand ja daneben.

Mentalitätsmonster: Das habe ich gesagt, ich habe aus Kramer gesprochen, ich wusste wirklich nicht genau, wo ich
war. *Ah, im Finale!,* sagte ich mir, danach bin ich sofort zu
Schweinsteiger, der gefiel mir.

Müller: Ich träume immer noch von Brasilien, das waren noch
Zeiten!

Mentalitätsmonster: Früher fand ich euch nicht so gut am Ball,
aber ihr wart mutig, frisch und sexy.

Müller: Aber jetzt sind wir super am Ball! Jetzt wären wir doch
perfekt!

Mentalitätsmonster: Das ist ja das Tragische …

*Die Tür geht auf, die marokkanische Nationalmannschaft
(die sensationellerweise sogar bis ins kleine Finale der WM*

kommen sollte), betritt beseelt und kampfesmutig die Kabine
für das Achtelfinale gegen Spanien.

Mentalitätsmonster: So, Müller, ich muss los.

Müller: Geh nicht, bitte bleib … Der DFB könnte doch für uns eine Paartherapie organisieren …

Mentalitätsmonster: … Adieu, Adieu …

3 Die neue Einsamkeit des Cristiano Ronaldo

Cristiano Ronaldo, genannt »CR7«, reist als vereinsloser Spieler zur WM nach Katar, nachdem sein Vertrag bei Manchester United aufgelöst worden ist. Ronaldo fehlt in seiner an Triumphen überreichen Karriere nur noch der WM-Titel. In der Vorrunde spielt er noch, danach setzt ihn sein Trainer Fernando Santos auf die Bank. Der fünfmalige Weltfußballer des Jahres, Rekordtorschütze von Real Madrid, Rekordtorschütze der Champions League, Rekordtorschütze seines Landes und portugiesischer Nationalheld, die Freistoß- und Jubelikone der Kinder auf der ganzen Welt – er droht mit der Abreise, dann bleibt er doch. Und muss im Achtelfinale mitansehen, wie der Stürmer, der an seiner Stelle eingesetzt wurde, drei Tore schießt, während ihn die Fotografen auf der Bank ablichten. Am Ende darf CR7 noch 16 Minuten mitspielen, um dann im Viertelfinale gegen Marokko wieder auf der Bank zu sitzen. Seine Rivalen Lionel Messi und Luka Modrić blühen bei der WM auf, Ronaldo wirkt plötzlich alt. Das folgende Drama des Cristiano Ronaldo spielt in der Wüste. Es treten neben zwei Kamelen auch Oliver Bierhoff auf, der geschasste Teammanager der deutschen Mannschaft, sowie eine Fata Morgana.

Die Wahrheit liegt in der Wüste

Nacht in Katar. Sterne leuchten über der Wüste. Ein Mann stellt zwei Kamele im Abstand von 7,32 Metern auf und befiehlt ihnen, dort unbedingt stehen zu bleiben. Ein Stück von den Kamelen entfernt legt er einen Ball in den Sand und beginnt, mit abgezählten Schritten rückwärts durch die Wüste zu schreiten. Als der Mond hinter den Wolken hervortritt, kann man den Mann besser erkennen. Es ist Cristiano Ronaldo. Er steht nun breitbeinig da wie in einem Wildwest-Film und ruft den Kamelen etwas zu.

Ronaldo: Nicht bewegen! Ihr seid die Torpfosten, das Tor von Marokko! Viertelfinale!
  Die Kamele starren ihn an.
Ronaldo: Ich schieße gleich einen meiner gefürchteten Freistöße! Die CR7-Spezialfreistöße! Ich bin nämlich CR7! Torwart brauchen wir nicht, hat sowieso keine Chance!
Erstes Kamel: Willst du es ihm sagen?
Zweites Kamel: Lieber du.
Erstes Kamel *(ruft):* Wir haben gehört, dass du gegen Marokko schon wieder auf der Ersatzbank sitzt.
Ronaldo: Halt's Maul! CR7 auf die Bank?! Das traut sich der Trainer nicht noch mal! Seit wann kennen sich Kamele mit Fußball aus?
Erstes Kamel: Wir hassen Fußball, wir boykottieren die WM, wir machen da nicht mit.
Ronaldo: Seid ihr homosexuell, oder was?
Zweites Kamel: Nee, aber in Katar ist Fußball eigentlich nicht wichtig. Normalerweise sind wir hier die Stars. Kamelwettrennen!

Erstes Kamel: Wir sind Profis. Ich bin K1 und er ist K2.

Zweites Kamel: Wir haben auch Medizinchecks. Hier interessiert sich eigentlich keine Sau für Fußball!

Ronaldo: Sei still. Du bist jetzt ein marokkanischer Torpfosten, ich schieße gleich! Viertelfinale!

Zweites Kamel: Er leidet an Realitätsverlust. Das passiert oft bei Menschen.

Ronaldo: Was murmelst du da?

Zweites Kamel: Ach, nichts.

Ronaldo: Du, ich kann auch mal den Pfosten treffen! Ich schieß dich mit einem CR7-Schuss in die Augsburger Puppenkiste, wo du hingehörst!

Er versucht, den Freistoß zu verwandeln, schießt aber viele Meter am Tor vorbei.

Erstes Kamel: Oh weia … Den hätte ja meine Oma gemacht, so ganz ohne Torwart.

Zweites Kamel: Die Wahrheit liegt in der Wüste. Geh am besten zu den Saudis.

Erstes Kamel: Mein Vater hat immer gesagt: Tritt in Würde ab, bevor es zu spät ist.

Ronaldo schießt nun eine Ecke und versucht, dem Ball hinterherzulaufen und ihn selbst ins Tor zu köpfen – aber er fällt in den Sand. Er wiederholt die Ecke, läuft, fällt wieder.

Zweites Kamel: Er kommt mir vor wie ein krankes Kamel, das nicht mal mehr in die Box kommt.

Beide Kamele betrachten Ronaldo mitleidig.

Erstes Kamel: Hast du gesehen, wie sich die Fotografen vor Ronaldo aufgebaut haben, als er bei dem Spiel gegen die Schweiz auf der Ersatzbank sitzen musste? Wenn du verwundet bist, stürzt sich die ganze Meute auf dich. Wie im Reich der Tiere.

Zweites Kamel: Sie begleiten dich mit dem Fahrstuhl hoch und sie begleiten dich mit dem Fahrstuhl wieder runter. So sind die Medien.

Erstes Kamel: So ist die Welt.

Ronaldo sieht einen großen Mann einsam im Sand der Wüste sitzen.

Ronaldo: Hey, du, bist du nicht Oliver Bierhoff?? Kannst du mir eine Ecke schießen? Ich bin CR7, ich will das 1:0 machen! Viertelfinale! Mir fehlt noch ein Tor, dann habe ich den WM-Rekord von Eusebio übertroffen!

Oliver Bierhoff starrt vor sich hin, dann steht er auf und läuft Richtung Mond, als wollte er darin verschwinden.

Erstes Kamel: Was ist denn da hinten? *(Zeigt auf eine Düne)* Siehst du das?

Zweites Kamel: Ein ganz kleiner Mensch. *(Denkt nach)* Kennst du die französische Erzählung *Der kleine Prinz?*

Ronaldo: Messi! … Bist du Messi oder Jim Knopf?? Du bist Messi! *(Rennt auf die Düne zu)* Rette mich, rette mich … Die WM boykottiert mich … Sag der Welt, dass ich immer noch CR7 bin! … Ich bin CR7, wer sonst?! … Und du bist Messi, wir sind immer noch die Besten! Schieß die Ecke! … du schießt, ich köpfe …

Ronaldo rennt auf Messi zu, aber in dem Moment, als er ihn umarmen will, verschwindet er.

Erstes Kamel: Es war wohl eine Fata Morgana.

In der Ferne auf einer Straße fährt ein gelb-blau-grüner Bus vorbei. Es ist der Bus der Seleção. Er hält, 26 Brasilianer steigen aus, tanzen kurz in der Wüste einige Jubeltänze, so als hätten sie gerade gegen Kroatien gewonnen, eine Selbsttäuschung. Dann fährt der Bus der Seleção weiter zum Flughafen.

Zweites Kamel: Magst du Samba?

Erstes Kamel: Ja. Sehr ...

Sie tanzen wie die Brasilianer. Ronaldo sitzt im Sand und weint. Er ist plötzlich alt und die Welt hat ihn vergessen.

4 Außen Gott, innen Kind

Zum Abschied von Lionel Messi

2006 schoss er mit 18 Jahren sein erstes Tor für Argentinien, in Gelsenkirchen, bei der WM in Deutschland, beim 6:0 im Gruppenspiel gegen Serbien und Montenegro. Bei der WM 2010 in Südafrika mit Diego Maradona als Nationaltrainer, der ihm seine legendäre Rückennummer 10 gegeben hatte, schied er im Viertelfinale gegen Deutschland aus. Bei der WM 2014 in Brasilien stand er erstmals mit Argentinien im Finale und unterlag erneut Deutschland. 2016 gab er seinen Rücktritt aus der Nationalmannschaft bekannt, nachdem er im Finale der Copa América (Centenario) gegen Chile einen Elfmeter verschossen hatte. Ein paar Monate später jedoch gab Messi seinen Rücktritt vom Rücktritt bekannt und scheiterte erneut bei der WM 2018. Nun bleibt nur noch die WM 2022, seine fünfte. Er ist jetzt 35 Jahre alt und weiß, dass es seine letzte Chance ist, Weltmeister zu werden. In den Gruppenspielen setzt er sich nach anfänglichen Schwierigkeiten mit Argentinien durch, gewinnt alle Finalrunden, beleidigt zwar im Viertelfinale einen Niederländer, glänzt aber im Halbfinale mit einer genialen, ja göttlichen Torvorlage und steht nun am 18. Dezember gegen Frankreich im Finale.

Ich habe dieses Finale immer wieder im Kopf durchgespielt, schon vorher, ich wollte unbedingt, dass Messi endlich Weltmeister wird. Wenigstens in meiner Vorstellung. Es ist mein

Abschiedstext für Lionel Messi, ich denke, wir werden ihn so nie wiedersehen.

Der größte Moment des Lionel Messi

Es ist die 67. Spielminute im WM-Finale Argentinien gegen Frankreich. Lionel Messi hat sich beim Stand von 0:0 mit einem seiner unnachahmlichen Tempo-Dribblings durch die französischen Abwehrreihen gezaubert und läuft auf Hugo Lloris zu, den Torwart der Franzosen. 80 000 Zuschauer springen von ihren Sitzen auf, doch plötzlich, als Messi nur noch den Ball messihaft lupfen oder den Torwart mit dem Ball messihaft umkurven müsste, stoppt die Szene. Eine der typischen, winzigen und genialen Pausen Messis im Bewegungsablauf, denken die Fachleute, aber der Ball erstarrt, der heranstürzende Hugo Lloris erstarrt, der besorgte Ausdruck auf dem Gesicht von Kylian Mbappé erstarrt, das ganze Stadion erstarrt. Durch die unfassbare Stille hört Messi nun eine Stimme. Es ist Celia, seine Großmutter.

Großmutter: Lionel?

Messi *(schaut auf die Anzeigetafel):* Oma?

Großmutter: Nein, hier oben. Ganz oben. Hörst du mich?

Messi: Oh, Oma … Ach, meine geliebte Großmutter! Aber ausgerechnet jetzt? Ich bin gerade im WM-Finale.

Großmutter: Ich weiß.

Messi: Dann lass mich eben schnell meine Einzelaktion abschließen und Weltmeister werden. Und danach werde ich dir wieder mit einem Gruß nach oben danken.

Großmutter: Erst muss ich dir etwas sagen.

Messi: Mensch, Oma, was denn??

Großmutter: Du hast dich schlecht benommen nach dem Spiel gegen die Niederlande! Man sagt nicht »Idiota« zu einem Niederländer! Außerdem hast du Steuern hinterzogen! Ich habe dir beigebracht, höflich und bescheiden zu sein.

Messi: Ja, ja … Aber bitte lass mich eben noch Hugo Lloris überwinden!

Großmutter: Geduld. Halt inne. Was habe ich eben gesagt?

Messi: Ich bin bescheiden! Weißt du, ich bin hier auf Erden ein Gott geworden. Weißt du, wie schwierig es ist, bescheiden zu bleiben? Schau dir Ronaldo an!

Großmutter: Der Arme.

Messi: Ich bin immer noch James Bond und er ist Dr. No. Hast du meine Torvorbereitung gegen Kroatien gesehen, Oma? Hast du eigentlich meine insgesamt 474 Tore für Barcelona gesehen?! Gibt es im Himmel YouTube? Tragen sie im Himmel mein Trikot mit der 10?

Großmutter: Nee! Denk an Maradona, was aus ihm geworden ist, nachdem er den Titel gewonnen hat! Er sitzt hier nicht unweit von mir, wir gucken dir beide zu.

Messi: Maradona guckt zu? Wie geht's ihm?

Großmutter: Er hat drei Frauen im Arm und frisst und frisst, aber hier oben wird man nicht dicker.

Messi: Das ist ja interessant … Oma, ich fühle das erste Mal Druck. Die ganze Welt guckt gerade zu, ich kann es fühlen, ich bin in einer Drucksituation! Was, wenn ich den Titel nicht hole, was dann, Oma? Was dann?!?

Großmutter: Hm. Mal überlegen …

Messi: Das wäre so, als hätte Gott vergessen, die Vögel im Himmel zu erschaffen, die Fische der Meere, die fruchtbaren Menschen auf der Erde …

Großmutter: Nun übertreib mal nicht.

Messi: Als hätte Mozart vergessen, die *Zauberflöte* zu kompo-
nieren! Hat jemand geschrieben. Irgend so ein Rinke oder
Rilke in Deutschland.

Großmutter: Was für einen Quatsch die Leute schreiben. Das
ist doch nicht normal!

Messi: Mein ganzes Leben ist nicht normal, Oma! Manchmal
frage ich mich, ob ich ein Mensch bin. Manchmal sehne ich
mich nach Rosario zurück, wo ich als Junge auf dem Sandplatz gestanden habe und du mir vom Spielfeldrand zuge-
sehen hast.

Großmutter: Ja, in der Kindermannschaft. Weißt du noch, wie
dein allererster Trainer dir für jedes Tor eine argentinische
Süßigkeit versprach und für jedes Kopfballtor zwei?

Messi: Ja! Ich habe den Torwart umdribbelt, den Ball mit der
Hacke hochgenommen und reingeköpft. Zwei Süßigkeiten.
(Weint vor Rührung)

Großmutter: So mochte ich den Fußball, so hätte er bleiben
müssen. Stattdessen nimmst du jetzt Geld von Katar an!
Pfui, pfui …

Messi: Oma, ich kann den Lauf der Welt nicht stoppen. Aber
in mir drinnen ist immer noch das Kind vom Sandplatz,
glaub mir.

Großmutter: Ich weiß doch, Lionel, ich weiß.

Messi: Außen Gott, innen Kind.

Großmutter: Lass Gott weg. Der ist hier oben.

Messi: Dann frag ihn mal, ob ich Hugo Lloris jetzt überlupfen
oder umdribbeln soll?

Großmutter: Das weißt du schon, Lionel. Nun geh deinen Weg
weiter. So oder so … Adiós.

Messi: Wie meinst du, *so oder so?* … Oma? *(Schaut in alle Rich-
tungen)* Hallo? … Adiós … Adiós …

Plötzlich bewegt sich wieder alles. Hugo Lloris stürzt Messi entgegen. Die Spannung auf dem Gesicht Mbappés. Die aufgerissenen Augen der Menschen im Stadion. Und auf der ganzen Welt.

Messi erzielte wirklich das 1:0, allerdings schon in der 23. Minute. Am Ende gewann seine Mannschaft im Elfmeterschießen. Lionel Messi wurde Weltmeister. In Argentinien feierten Millionen den Titel auf den Straßen. Messi verabschiedete sich aus den europäischen Ligen und wechselte in die Vereinigten Staaten zu Inter Miami.

Nachweis der Veröffentlichungen

I Vorbilder, Legenden, Götter

Das Jahrhunderttor mit Uwe Seeler im Fahrstuhl. Weser-Kurier, 29.07.2022.

Vom Versuch, Klaus Fischers legendäres Bein zu berühren (Die Eröffnung des Deutschen Fußball-Museums). DIE ZEIT: *Als wir noch jubelten.* 05.11.2015.

Being Pirlo – (Wie ich mit dem italienischen Genie verwechselt wurde). Der Tagesspiegel, 22.06.2015.

Der Empfindsame – (Begegnung mit Jürgen Klopp). Socrates: *Jürgen Klopp: Tapetenkleister mit Designerbrille.* 16.06.2020.

Meine Aufnahmeprüfung über Torquato Tasso und Otto Rehhagel. Hamburger Abendblatt: *Wie Jürgen Flimm einst Moritz Rinke durchfallen ließ.* 08.05.2023.

Ein Spieler namens Pasolini. Weser-Kurier, 05.03.2022.

»Behalt ick, für immer!« (Der legendäre Aufstieg von Union Berlin in die 1. Bundesliga). Der Tagesspiegel: *Die glücklichsten Menschen der Welt.* 27.05.2020.

II Vom Stürmen

Ich bin Schönspieler. Dieser Beitrag wurde für die vorliegende Ausgabe bearbeitet und gekürzt; zuerst erschienen in: Stefan Krankenhagen (Hrsg.): *Die Poesie des Fußballs: Von Abwehrschlachten, Schönspielern und Tikitaka.* © Aufbau Verlage GmbH & Co. KG, Berlin 2018.

Man muss schreiben, wie Claudio Pizarro spielt. Weser-Kurier, 02.10.2022.

Vom Seelenleben der Stürmer (Die Wahrheit über Polter). Dieser Beitrag wurde für die vorliegende Ausgabe bearbeitet und gekürzt; zuerst erschienen in: Frank Willmann und Jan Böttcher (Hrsg.): *Alles auf Rot. Der 1. FC Union.* © Aufbau Verlage GmbH & Co. KG, Berlin 2017.

Rahn, Müller, Brehme. Der Tagesspiegel: *Der Fluch berühmter Tore.* 31.08.2014.

III Der Fussball und die Deutschen

Rede an die Nation im Geiste von Hölderlin und Tony Kroos. Weser-Kurier, 12.06.2022.

Das Zärtliche soll nicht ins Grobe! (Über die Angst vor großen Turnieren). Süddeutsche Zeitung: *Einsamkeit der Liebenden.* 12.06.2014.

V Von den kleinen und den großen Dingen

Wie ich meinem Sohn so erziehe, dass er auf keinen Fall Bayern-Fan wird. Der Tagesspiegel, 30.08.2020.

Heute im Weserstadion! Weser-Kurier, 15.05.2022.

Mit dem heiligen Rasen in die Schule. Weser-Kurier, 16.05.2022.

Von den kleinen, großen Dingen (Über heiligen Rasen und Brechts Pfeife). Weser-Kurier, 29.05.2022.

Im Mutterland der Pokale. Weser-Kurier, 22.05.2022.

Heute, 17:15 Uhr, Zeitenwende! – und wie dann Bayern München doch wieder Meister wurde. Weser-Kurier, 27.05.2023.

VI Der betäubte Panther

Über Scham (Die Schande von Kasan). Der Tagesspiegel: *Die WM haben wir alle verloren.* 23.07.2018.

VII Die Qual der Liebenden

Drei Tage in Katar (Wer hat das alles gebaut?) DIE ZEIT: *Wer baute die acht Stadien von Katar?* 03.11.2022.

Die große Umoperation – Und das mögliche Ende des schönsten Spiels der Welt (vorgezogenes Nachwort) DIE ZEIT: *Dieses verfluchte Geld.* 26.08.2023.

Zitatnachweise

S. 7: *Herbert Grönemeyer stellt in Berlin neues Album vor*, WELT, 19.11.2008.

S. 55–57: Valerio Curcio: *Der Torschützenkönig ist unter die Dichter gegangen: Fussball nach Pier Paolo Pasolini.* Übersetzt von Judith Krieg. Mit einem Vorwort von Moritz Rinke. Edition Converso, 2022.

S. 56: *Dacia Maraina im Interview mit Valerio Curcio*, in: Valerio Curcio: *Der Torschützenkönig ist unter die Dichter gegangen: Fussball nach Pier Paolo Pasolini.* Übersetzt von Judith Krieg. Mit einem Vorwort von Moritz Rinke. Edition Converso, 2022.

S. 82: »*Scheißdreck, Weizenbier, unterste Schublade*« – *Völlers Wutrede als DFB-Teamchef*, Sportschau, URL: https://www.sportschau.de/fussball/video-scheissdreck-weizenbier-unterste-schublade-voellers-wutrede-als-dfb-teamchef-sp-100.html

Als die Bundeskanzlerin sich in Schweinsteiger verliebte

Unglaublich witzig, scharfsinnig und charmant nimmt Rinke die Fußballerseele, den Sport in seinen Facetten und gesellschaftlichen Zusammenhängen und die Emotionen, die er freilegt, in den Blick. Diese Liebeserklärungen sind geistreiche Pässe in die Welt. Und begeistern nicht nur Fußballfans ...

Leseproben und mehr unter www.kiwi-verlag.de

Weitere Titel von Moritz Rinke
bei Kiepenheuer & Witsch